苏洵传

王奕鑫 著

民主与建设出版社

·北京·

© 民主与建设出版社，2024

图书在版编目（CIP）数据

苏洵传 / 王奕鑫著. -- 北京 ： 民主与建设出版社，
2025. 1. -- ISBN 978-7-5139-4838-8

Ⅰ. K825.6

中国国家版本馆CIP数据核字第202475VC56号

苏洵传
SUXUN ZHUAN

著　　者	王奕鑫	
责任编辑	刘　芳	
封面设计	言　成	
出版发行	民主与建设出版社有限责任公司	
电　　话	（010）59417749　59419778	
社　　址	北京市朝阳区东湖街道宏泰东街远洋万和南区伍号公馆4层	
邮　　编	100102	
印　　刷	天宇万达印刷有限公司	
版　　次	2025年1月第1版	
印　　次	2025年3月第1次印刷	
开　　本	880mm×1230mm　1/32	
印　　张	6.5	
字　　数	118千字	
书　　号	ISBN 978-7-5139-4838-8	
定　　价	42.00元	

注：如有印、装质量问题，请与出版社联系。

大宋自由读书人

从长江逆流而上，至汉口，穿越举世闻名的三峡，就进入了中国西南的一个大省——四川。乘小舟自岷江支流玻璃江逆流而上，就可以到达文脉昌盛、物产富饶的小镇——眉州眉山镇（今四川眉山）。在这里，"三苏"的名声如雷贯耳，因为他们正是从这里走出去的。

父亲苏洵与膝下二子——苏轼和苏辙，此三人占据了"唐宋八大家"三席。苏洵在其中独显与众不同：他未曾考取功名，也未居庙堂之高，连八品官位都是费尽心力得来的。

正是这样一位"特立独行"的人，创作出了《六国论》这样言辞犀利、形象生动的政论文章。在他的教育下，苏轼有着"一蓑烟雨任平生"的豁达性格，苏辙拥有"汪洋澹泊，一唱三叹"的卓越气质。苏氏一门三位杰出人物有如此辉煌成就，苏洵当居首功。可惜这位大器晚成的才子，人生之路崎岖不平，充满挫折与不如意，只能将自己的家国情怀和仕途梦想，寄托在那气势恢宏、开阖自如的文章之中。

苏洵，字明允，自小家境殷实，好游历山水，不喜声律、句读，废而不学，十八岁科举落榜之后，再度废学，纵情山水。二十七岁时，他忽然醒悟，大丈夫读万卷书、抱济世之才，能用锦绣文章描绘名山大川、造福百姓，才是正道。《三字经》中记载："苏老泉，二十七，始发愤，读书籍。"其中的"苏老泉"指的就是苏洵。

从二十七岁到三十七岁，这十年间，苏洵三次踏入科举考场，却三次名落孙山。三十七岁的他毅然决定放弃科举，归隐山林，享受起自在逍遥的生活。在隐居的岁月里，苏洵博览群书，经史子集无一不读。他静心沉淀，埋头苦写，创作出《六国论》《衡论》《权书》等一系列不仅在当时备受赞誉，更是被后世传颂不衰的佳作。

苏洵在政治上所取得的成绩远没有他的文笔精彩，作为一名怀揣济世救人理想的文人，却在文坛上独树一帜。苏洵凭借着对历史的深刻理解和扎实的解析能力，以及不落窠臼的独特见解，为后世留下了许多璀璨夺目的文章。

　　本书沿着眉州苏氏家族的脉络，以"三苏"父子中的父亲苏洵为主线，以苏洵的生平为序章，以其诗词歌赋为枝条，追溯九百多年前大宋文人的生活。俯瞰苏洵崎岖的人生之路，观一代文豪如何纵情山水，如何奋力求学，如何教子有方……

目录 CONTENTS

一

年少不务学

蜀地物华天宝、人杰地灵，更有青城、峨眉等名山引世人倾慕。这样的生长环境给从小就贪玩好动、不喜读书的苏洵，提供了更自由的成长空间。

少时在学堂读书，苏洵就经常逃学进山，看草长莺飞的自然风光，也看寺庙里的和尚们念佛诵经。年纪渐长，又遇初试落第的打击后，苏洵更将心思用于游览名山大川，希望在呼朋唤友的旅途中探寻人生的意义。对于这段在眉山周边登山游玩的经历，苏洵晚年曾这样评价："山川看不厌，浩然遂忘还。"而我们在探寻苏洵这段少年时光的经历时，也能对其诗文成就与达观人生略窥一二。

追寻根源，传承良好家风

苏洵在《苏氏族谱》中曾写道，苏氏起源于古帝颛顼，至汉顺帝时有苏章。苏章曾任冀州刺史，后又迁为并州刺史，子孙定居在赵州，所以三苏都自称"赵郡苏氏"。

今天，住在河北栾城、作为苏氏一族后人的苏士福，家中仍然存有一本发黄的《苏氏族谱》。族谱中载有这样一段话："唐神龙（705—707 年）初，长史味道刺眉州，卒于官，一子留于眉。眉之有苏氏，自是始。"意思就是说，苏氏一族的血脉在眉山的延续，正是从苏家祖上一个名叫苏味道的人开始的。因此，本书主人公苏洵的故事，就从他的祖上苏味道开始谈起。

苏味道，赵州栾城（今河北石家庄栾城区）人。据传他自幼聪慧，九岁能文，与同乡李峤都以文翰著称，时号"苏李"。

苏味道二十岁中进士，曾官至凤阁侍郎、同凤阁鸾台三品，可即便如此，他在为官上并未留下太多值得称道的地方。《新唐书·苏味道传》记载，苏味道因处理事务含混不清，有人送他绰号"摸棱手"[1]，以示讥讽。证圣元年（695 年），苏味道和一位名叫张锡的官员因事入狱，后者神态自若，而前者却匍匐席地进食，做出一副惶恐不安的可怜样，想要以此赢得武则天的同情，进而得以从轻发落。（这些载述恐怕苏洵本人未必承认。他在《族谱后录上篇》中强调，说他的族谱仅仅"上至于吾之高祖，下至于吾之昆弟"，因为"高祖之上不可详矣"。）

唐中宗时，苏味道因朋党之争受到牵涉，被贬到西蜀做了眉州刺史，后迁益州（今四川成都）长史，未赴任就病逝了。那一年是唐神龙元年（705 年）。

苏味道的后人直至三苏以前，并未出过什么名人。

苏洵的曾祖父苏祜，娶唐太宗李世民之子曹王李明的后嗣李瑜之女为妻。李瑜曾任西蜀遂州长江尉，失官后定居在眉州之丹棱县。

后晋开运元年（944 年），苏杲出生了，他是苏洵的祖父。苏杲娶妻宋氏，生了九个儿子，但只有苏洵的父亲苏序存活下来。苏杲信奉道家，自称白莲道人，生性豁达仁爱，他不仅在家中是孝子，也因其忠孝、仁义、慷慨，深得乡间之人的敬

---

[1] 《旧唐书》载为"苏摸棱"。

爱。这些优秀品格和关于苏杲的事迹，都被苏洵记载于《苏氏族谱》。

其中有一处这样的记载：苏杲有个同族兄弟叫苏玩，因犯了重罪而被捕坐牢。他担心家中妻儿无人照料，临行前找到苏杲，拜托苏杲替他照顾妻儿。哪知案情出现反转，苏玩最终被无罪释放。回家后，他对苏杲说道："我兄弟众多，但在危难关头，能托付生死的，只有你一人啊！"

苏杲除了做人值得信赖，还善于生产经营："善治生，有余财。"（《族谱后录下篇》）不过，他主张"君子爱财，取之有道"之理，谋求"小富即安"，坚持认为钱财多了必有灾祸。正是因为如此，终其一生，苏杲只是经营家中的二百亩良田。他生活一切从简，即使房屋破旧了也不肯修缮，但若邻里乡亲需要帮助，他则毫无吝啬且绝不张扬。这种淡泊名利、乐善好施、自在随性的品性，在苏氏后人身上也可见一斑。

苏杲虽为人深明大义、人品杰出，却儿女缘浅，子嗣上并未受到上天的眷顾。他与妻子宋氏共育有九个孩子，只有第七子苏序活了下来。因此，苏洵的父亲苏序，又有"苏七君"的称号。

苏序刚刚行过弱冠之礼，苏杲就卧病在床。妻子担心自己一介女流，无法将苏序培养成人，就问道："是否可以把孩子托付给你的兄弟们？"

　　苏杲常与人打交道，自然洞察人情世故。他安慰妻子说："苏序如果有出息，即使那些不是我兄弟的人，也会亲近他；如果没出息，就算是我的兄弟，早晚也会抛弃他不管。你尽到为母的职责，顺其自然就好了。"

　　苏序二十二岁那年，苏杲去世。这一年，社会动荡，青城农民王小波、李顺等人聚众起义，一路到达眉州北边的彭山。兵荒马乱下，眉州百姓惶恐不安，刚刚丧夫的宋氏更加寝食难安。此时，苏序却面不改色，依旧按照礼节操办父亲苏杲的丧事。他看见当地大户大族仓皇逃走的狼狈状，对母亲说道："我就不相信王小波、李顺还能吃了我不成，我哪儿也不去，就在家等着他们！"事情正如他预料的那样，这场起义很快就被朝廷镇压下去。

　　宋庆历年间，朝廷开始在州郡设立学馆，士人们都以为机会来了，奔走相告。苏序却告诫子孙，不要和别人争着入学。果然，官员们竟以此为由头侵扰百姓，百姓的负担为此又加重了。苏序放下锄头，愤然提笔讥讽朝廷的这种行为。

　　"苏门六君子"之一的李廌在《师友谈记》中记载，苏轼曾说，祖父苏序在房前屋后种满了芋头，每年产量颇丰。眉山盛产芋头，平时人们并不喜欢吃，但遇到灾年就派上用场了。苏序让人将芋头用大甑蒸熟，全部摆放在门外，让饥饿的人们自行取食。有了芋头充饥，饿肚子的问题自然就解决了。

这些事看似平常，常人却未必能预见，能预见的人就是有远见的人。有远见的人行事超然，举重若轻，苏序正是如此。

眉山当地盛传有神要降临，名叫茅将军，那些装神弄鬼的巫师趁机推波助澜，很快就建起了一座茅将军大神庙。人们纷纷前往烧香，巫师则趁机敛财。偏偏苏序不信这个邪，趁着酒意，叫上二十几个村民捣毁了神庙。

苏序身上有股源于父辈的乐善好施和侠气。而这些美好的品质，则源于他们内心的正义。

苏洵曾这样评价自己的父亲："喜为善而不好读书。"（《族谱后录下篇》）这里的"不好读书"不等于不读书，可能和苏洵本人的情况相似，只是不好读与科举考试相关的书。苏序既然可以写出几千首诗，必然学识丰富，只是不喜欢读中规中矩的书，身上更多了一分散淡之气。

"晚乃为诗，能自道，敏捷立成，凡数十年得数千篇，上自朝廷郡邑之事，下至乡闾子孙畋渔治生之意，皆见于诗。观其诗虽不工，然有以知其表里洞达，豁然伟人也。"（《族谱后录下篇》）从苏洵这番话我们不难分析出以下两点：

第一点，苏序大约是从中年开始写诗的，比起其他诗人，算是比较晚的，但他把写诗当成了生活中的一部分，习惯于以诗表达内心。

第二点，苏序作诗简直是倚马可待①，比起苦吟苦作，苏序的诗是生存与生命的本真呈现。就像苏洵的评价，其诗虽不工，却洞明世事，坦荡通达。

想象一下，这样一个散淡、达观、宽厚、仁善，又带有几分侠气的人，这样一个随口吟诵着音韵和谐的诗句的老头儿，该是怎样的可爱！这是个有诗意的老头儿，甚至可以说是个有仙气的老头儿。

---

① 倚马可待：形容文思敏捷，写文章快。

学堂难定心，向往大千世界

李白有诗云"郎骑竹马来，绕床弄青梅"。骑竹马是唐宋时期男孩子之间很流行的游戏方式。小小年纪的苏洵也十分喜欢这种游戏，而且常常在游戏中扮演挥斥方遒的"将军"角色，带领伙伴们在空旷的山野间驰骋，尽情嬉戏，直到暮色四合，才恋恋不舍地回家。

传闻，家人在苏洵的抓周宴上准备了笔、墨、纸、铜镜、玉佩、金银等物品，希望通过这种"试儿"的方式博个好彩头，预卜孩子将来的志向和情趣。没想到，刚满周岁的苏洵面对琳琅满目的抓周物品，绕过笔墨纸砚、金银玉器这些代表"功名利禄"的物什，直接抓住了一旁父亲赶驴用的竹鞭。众亲友一片哗然，心中暗想，这孩子将来恐怕是个奔波劳碌命。

面对抓取竹鞭的苏洵，身为父亲的苏序一直相信："竹鞭好，舞鞭弄策可以驱人之志，这孩子以后说不定能做个指挥千军万马的大将军呢！退一步说，竹鞭有鞭策之意，不正说明这孩子是个有志向、肯上进、懂得鞭策自己的人吗？是个好意头！"可见，苏序还是对刚刚出生的三儿子苏洵寄予厚望的。

不同于两位哥哥喜好读书，苏洵志在山水之间。他不是登山爬树，就是下河捉鱼，有时还用河边的淤泥将自己涂得黢黑，故意惊吓路人。渴了就爬树偷摘别人家的橘柚，馋了就进山采食野生桑葚。

苏洵虽然生性贪玩，但记忆力和学习能力超强，所以父亲苏序始终觉得这孩子是个可造之才。

苏家亲朋中有位名石昌言①的公子，与苏洵的二哥苏涣十分要好，经常去苏洵家探望。某次，石昌言来到苏家，小苏洵出来打招呼。石昌言看到桌子上有栗子，便为小苏洵剥栗子吃，哪知小苏洵接过栗子后，嘴甜地说道："祝昌言哥哥早及第，早立业。"一番"小大人"的言论逗得大家哈哈大笑，都问小苏洵是如何知道"及第、立业"的。小苏洵道："听二哥和昌言哥聊过，就记住了！"

---

① 石昌言：石扬休，字昌言。

　　这份聪明伶俐劲儿让石昌言暗暗称道，随后又考了小苏洵几首诗词，没想到他竟然都对答如流。懵懂的苏洵只说自己在院子里捉虫子玩儿的时候听二哥念过，就记住了。石昌言闻言，激动地对苏序说道："这孩子如果好好读书，以后一定是能和韩退之齐名的人才！"

　　苏洵展现出来的天赋，让苏序十分惊讶。想到儿子每天在山野间疯跑，实在是虚耗光阴，苏序心中暗暗规划：送儿子进学堂读书才是正经事。

　　由于苏家另外两个孩子比苏洵大太多，没法与苏洵相伴学习，苏序便把苏洵送到眉山学堂，希望苏洵能好好读书，日后光耀门楣。就这样，苏洵在八岁那年，被父亲从山野天地赶进了方寸学堂，开始了循规蹈矩的读书生活。

　　刚进学堂，小苏洵兴致勃勃，课堂上十分用功，课后积极与父兄探讨，还能吟诗作对。可好景不长，几年之后，苏洵对基础句读声律没了兴趣，在课堂上如坐针毡。渐渐地，家中亲友和乡邻都知道苏家的小儿子苏洵没有两个哥哥爱读书，日后恐怕难成大器。

　　殊不知，早在与同伴"骑马"追逐嬉戏的游戏中，小苏洵的内心就生出了"踏遍山河、周游天下"的愿望。他希望有朝一日，自己真能策马扬鞭，看遍山河内外。

　　学堂里主要培养学生的读写能力，偏向句读、声律、属对等基础内容，这些条条框框不但规矩多，而且要死记硬背。这种教育实际上就是为科举服务的"应试教育"。对于向往自然、对世界充满好奇的苏洵来说，这样的学习方式如同枷锁，使他在学堂学习时如同身处炼狱。再加上苏洵渐渐不喜读书，行为不羁，学堂的老师也觉得他"孺子不可教也"，这更激起了他的叛逆心理，索性逃学不读了，走进心心念念的名山大川。

当初看好苏洵、认为他能成大才的石昌言对苏洵废学的行为感到十分失望。他不明白，为什么苏洵明明是"天才儿童"，却要荒废学业，自断前程。苏洵日后在《送石昌言使北引》一文中写道："昌言举进士，日有名。吾后渐长，亦稍知读书，学句读、属对、声律，未成而废。昌言闻吾废学，虽不言，察其意甚恨。"

苏序对小儿子无可奈何，却从未苛责。他知道苏洵辩智过人，颇有大志，只是不愿意为声律、句读之学所束缚，将来只要下定决心潜心苦读，定有所成。他没有对这位少年大加苛责，或许他认为，不爱读书这事并不全怪苏洵，是当时学堂所教的内容与苏洵的跳脱天性和发散思维之间产生了冲突，才导致其心猿意马，不喜读书。

就这样，在父亲的包容、亲友的惋惜声中，少年苏洵告别了枯燥的读书生活，开始纵游名山。这段旅程让少年苏洵初见世界之宽广、人间之浩大，这段壮游经历为后来苏洵在文章中呈现雄伟峻拔与卓尔不群的气势提供了灵感。

让我们透过历史的烟尘，一起追溯少年苏洵的初次游山之旅。

游荡山川，一展少年意气

苏洵不喜欢枯燥乏味的学堂生活，那他喜欢什么呢？他不沉迷于华服美食、古董珍玩和丝竹音乐，也并非对读书毫无兴趣，整日只知游荡嬉戏。

苏洵在他四十多岁时所作五言长诗《忆山送人》①中，这样回忆少年壮游的经历：

> 少年喜奇迹，落拓鞍马间。
>
> 纵目视天下，爱此宇宙宽。
>
> 山川看不厌，浩然遂忘还。

———————————

① 约作于至和二年（1055年）至嘉祐元年（1056年）三月前，诗中忆历次游历。

岷峨^①最先见，晴光厌西川。

远望未及上，但爱青若鬟。

大雪冬没胫，夏秋多蛇蚖。

乘春乃敢去，匍匐攀屏颜。

有路不容足，左右号鹿猿。

阴崖雪如石，迫暖成高澜。

经日到绝顶，目眩手足颤。

自恐不得下，抚膺忽长叹。

坐定聊四顾，风色非人寰。

仰面嗳云霞，垂手抚百山。

临风弄襟袖，飘若风中仙。

  开头六句豪气干云，一展苏洵曾经的少年意气及对山水之爱。山川浩渺，令人怡然忘返。纵目远眺，山势巍峨，山色青黑如发髻。登山途中，小心谨慎，得见颇多往日不曾见过的奇观。而后登临绝顶，苏洵又觉云霞可得，百山可抚，更觉自己似在人间仙境，仿若风中神仙……

  其实，细细品读这些诗句，我们会发现苏洵虽不擅长格律诗词，却能在诗中雕琢出一种壮阔之美，于游目骋怀间，让读者感受到层峦叠嶂、刚柔并济的美，字字句句都颇有李太白的

———————————
① 岷峨：岷指属岷山山系之青城山，峨为峨眉山。

风骨。而其中的洒脱不羁与乐观豁达，是苏家人骨子里惯有的疏达品性，同时也是苏洵少年时期壮游山川、开阔眼界后，磨砺出的独特意志，陶冶出的高雅情操。这种对立统一的平衡之美，在苏洵的散文中也随处可见。

读完诗文，我们再回看苏洵这段少年纵游的经历。苏洵有自己的审美追求与高雅志趣。儿童时期丰富的想象力和独树一帜的思维方式，让少年苏洵喜欢在山川大河间猎奇寻异。儿童游戏中的竹马已经承载不了苏洵渴望拥抱广阔世界的梦想，他打马扬鞭，将目光投向更广阔的天地，欢欢喜喜地扑进心心念念的名山大川中。

早在眉山学堂上学时，苏洵就多次逃学。那时候，苏洵还没下定决心放弃学业，就已经按捺不住想要上山下海的心了。他曾不辞辛苦，步行去几十里外的栖云山，只为登上山坡，看一眼云海霞光，看一看飞禽走兽。好奇心旺盛的苏洵，甚至还去过栖云山山腰处的栖云寺，只为了正经地看一眼和尚们诵经作法。

此时"辍学"的苏洵回忆起当初独自偷偷去眉山县东面的蟆颐山游玩的情景，回想起曾喝过的清甜的老人泉的泉水、曾看过的高大的美楠翠柏，忽然拍案而起，决定要去更远的地方，完成更宏大的游历心愿。眉山附近的山川已经满足不了少年苏洵的游侠梦，他决定去眉山西北方的青城山和西南方的峨眉山看看。他要探青城的幽静清凉，观峨眉的峻秀巍峨，顺便也一路寻访曾经在"子曰诗云"的经史典籍中找不到的人生真谛。

以现代人的交通观念来看，青城山和峨眉山距离眉山算是比较近的，只是宋朝时期交通不便，让当时的苏洵对这两座集天下雄伟、峻秀于一体的名山，更添几分憧憬。

关于苏洵登上青城山和峨眉山的具体经历，如今已不可考证。但从苏洵诗词的描述中，我们可以了解到，过去苏洵对岷峨是有一些认知的，他在诗中说冬天大雪封山，夏秋蛇虫等毒物又多，他都是不敢去的。到了春暖花开之时，他才乘兴而去，寻一段山水之妙，觅一杯天地灵气。

一路上，苏洵见过岩石缝隙间的一线天，爬过陡峭狭窄路上的九十九道弯。这样艰难地度过几天后，苏洵登上了山顶。峨眉金顶的云海佛光与山月日出，让苏洵觉得一切都值得，他在疲惫之余，被山巅这种直击灵魂的美景震撼，提笔写下"经日到绝顶，目眩手足颤。自恐不得下，抚膺忽长叹。坐定聊四顾，风色非人寰。仰面嗳云霞，垂手抚百山。临风弄襟袖，飘若风中仙"的诗句。

中国古代文人对江河湖海、奇山峻岭都有一种特殊的偏爱。所谓"登山则情满于山，观海则意溢于海，我才之多少，将与风云而并驱矣"。山水可寄情托思，可开阔胸襟，可磨炼意志，可陶冶情操。这些山水游历的记忆，影响着文人们的思想，成为他们文章血脉中一段洒脱的基因。

俗话说，会玩的孩子更会学。这句话放在苏洵身上可谓十分合适，毕竟他的发愤图强之路要从二十七岁"高龄"才开始呢。但苏洵的亲友们可没有"上帝视角"，不知道这位"不务正业"的苏三公子今后会名垂青史。彼时，这些亲友见少年苏洵"辍学"游玩这么久也不回家，不禁语重心长地劝说苏序："苏洵这孩子，应该管管的，总这样游手好闲，可不是长久之计。"

这时，我们不得不佩服苏序老爷子的先见之明。苏序并不着急，反而告诉亲友们："苏洵现在游荡不学，只是不想学习书本上的知识。游历山川何尝不是一种学习呢，这样学的是社会知识罢了。"

知子莫若父，苏序十分相信苏洵。他始终认为苏洵眼前的不喜读书与游山玩水，只是少年心性对刻板教育的不满。实际上，苏洵十分上进，一旦找到自己感兴趣的东西，他就会一头扎进去，固守本心，一路坚持下去。

在苏序的刻意维护下，少年苏洵在蜀地的名山大川间度过了一段相当恬淡自由的生活。

一

三试科场空

　　年轻气盛的苏洵，在游历之外，仍与当时无数读书人一样，将科举入仕作为自己的人生目标。然而，令苏洵始料未及的是，科举考试竟成了他一辈子都难以跨越的鸿沟。他多次科举，结果却无一例外，皆是落榜。

　　在屡次落榜后，他痛定思痛，做出一个出人意料的决定：放弃科举。从此以后，苏洵迎来了人生的转折点，在隐居期间写下了《几策》《权书》《衡论》《六经论》《洪范论》《史论》等代表作，完成了一次重要的蜕变。

初试未捷，婚配程氏贤夫人

苏家传至苏序，已广有良田，在眉山当地还算富裕，且苏序又娶眉州大户人家史家女儿为妻，宽厚孝顺的史氏勤俭持家，让一家人生活得和谐富足。

不为柴米油盐发愁的苏序虽然一生纵情山水田间，但也粗通文墨，每逢酒酣之际，就会赋诗几首，聊以抒怀。且自北宋开国后，河清海晏，文运昌盛，朝廷大力推举任用士大夫的政治制度，广招贤士，在全国地方长官的安排方面重用文臣，给读书人提供了更多出仕为官的机会。为了将全国上下的读书风气再掀高潮，宋真宗甚至御笔一挥，写下《劝学诗》：

富家不用买良田，书中自有千钟粟。

安居不用架高堂，书中自有黄金屋。

出门莫恨无人随，书中车马多如簇。

娶妻莫恨无良媒，书中自有颜如玉。

男儿欲遂平生志，五经勤向窗前读。

这首诗极其通俗易懂，宋真宗用"千钟粟""黄金屋""车马多""颜如玉"等好处诱人读书，虽俗不可耐，却道出了很多人内心的追求。

朝廷求贤若渴，皇帝青睐读书人，一时间，读书之风盛行，读书人终于迎来了黄金时代。这股读书入仕的文墨风气自东京开封吹遍全国，自然也吹进了远在蜀地眉山的苏序心中。

苏序明白自己仕途无望，却也懂得"学而优则仕"的道理，便将出仕为官、光耀门楣的希望寄托在三个儿子身上，希望苏家在儿孙辈能得到振兴。

二儿子苏涣，自幼天资过人，父亲苏序对其寄予厚望。少年时期，苏涣就熟读司马迁的《史记》和班固的《汉书》，且善书法。为提高学文习字的效率，苏涣还自创了一套抄录记忆的方法。他一边抄录这些经史典籍，一边练习书法，这种事半功倍的学习方法，让苏涣在文章、书法方面的功底都十分扎实。

自律的苏涣养成了今日事今日毕的好习惯，他每天都会制订读书计划，如果计划没有完成，哪怕到了深夜也不会休息。

苏涣的这股韧劲，逐渐让他脱颖而出，终于在天圣元年（1023年）崭露头角，成功通过州试。第二年进京参加科举考试，苏涣一举中了进士，从此开启了一生为官的序幕，也成为眉山苏家三百年来扬眉吐气第一人。

苏涣一举成名，让苏家上下洋溢着喜庆的氛围。喜报送到的这天，父亲苏序正在竹林间与几位老友喝酒。苏序向来洒脱不羁，不拘小节，平时经常席地而坐，开怀畅饮。此时，几人都有些微醺，面色通红，浑身燥热，忽然听到院子外面传来一阵喧闹声，紧接着就看到一个人急匆匆地跑过来，说道："苏老先生，快放下酒杯吧，您二儿子苏涣考中进士了！"话音刚落，就有两位官差来到门前，送来了一大包物品，说是苏涣托他们捎带的官用之物。

得知儿子高中，苏序喜上眉梢，笑容满面，向官差道谢后，寒暄几句，就忙着查看苏涣捎来的物品，官方委任状被放在显眼处，剩下的有官服、官帽、手板，以及苏涣上京时从家里带去的日常用品。除此之外，竟然还有一把精美的茶壶和一张太师椅。原来，由于儿子苏涣入朝为官，从未考取科举的苏序也跟着沾了光，朝廷赐予他大理评事、尚书职方员外郎的职位，就连苏序的夫人史氏，过世后都被追封为蓬莱县太君。在北宋时期，这种由朝廷封赏的官职并没有实际权力，只是一个"荣誉称号"，但对于苏家这个在仕途上沉寂了百年的家族来说，无疑是一件值得庆贺的喜事。

虽然喜不自胜，但苏序仍然按捺住内心的激动之情，淡然地打开了苏涣的任命书。在酒意微醺的状态下，他高声诵读起来，让周围的乡亲邻里都听到了任命书中对苏涣的委任和器重。读完之后，苏序把喜报和刚才没吃完的酒肉一起塞进随身的布袋里，然后吩咐一个小童先把这些东西送回家。他自己则醉眼蒙眬地骑上一头驴，晃晃悠悠地向县城走去。

苏涣中举的消息随着官家的任命迅速传播开来，附近众多乡民闻讯赶来围观。自打眉州有苏氏一族开始，从唐朝至今已经上百年，苏家已经有五代人没有做官。这一次，苏涣中举，对苏家来说好比天降洪福。

关于苏涣中进士后，苏家上下和眉山百姓行动的相关记载，在苏轼、苏辙和曾巩等人的文字中，都有提及。

苏轼在《谢范舍人书》中写道："天圣中，伯父解褐西归，乡人叹嗟，观者塞涂……于是释耒耜而执笔砚者，十室而九。"

苏辙在《伯父墓表》中则回忆说："明年（天圣二年）登科，乡人皆喜之，迓者百里不绝。"

曾巩在《赠职方员外郎苏君墓志铭》中则评论："涣以进士起家，蜀人荣之，意始大变，皆喜受学。及其后，眉之学者至千余人，盖自苏氏始。"

从这些记录中可以看到，苏涣中进士，眉山十里八乡的百姓们纷纷夹道欢迎，祝贺眉山百年来第一位出仕的才子。一时间，苏家周围人山人海，热闹非凡。苏涣中进士一事，不但光耀苏家门楣，也让蜀地的百姓在羡慕之余开始意识到，原来读书是有出路的，是能出人头地、光宗耀祖的，由此开始重视对后人的教育。一时之间，苏涣成为眉山读书人的楷模，上至乡绅君子，下至平民百姓，人人都向苏涣看齐，读书之风前所未有地盛行。

二儿子这么争气，苏序心里那叫一个美，别提多满意了。当时与苏涣一同高中的还有苏洵的好友——大理寺丞程文应之子程浚。程文应听说苏序让村童挑着两个袋子回来就算接受封诰，责备他怠慢喜报、骑驴上街的行为太傲慢，一点儿都不讲规矩。熟悉苏序的人都知道，这位老爷子潇洒惯了，实际上心里高兴又敬畏，只是不在乎那些繁文缛节而已。

其孙苏轼于《师友谈记》中曾言，只有了解祖父的人才知道，他是相当高兴的，而草接喜报、不事铺张者，都是因为祖父质实而务本，不在意外物，有一种难得的表里如一的豁达气概。诸种记载中，苏轼每每提及祖父苏序时，都夸赞祖父种种复归自然、平和质朴之美。

曾巩在《赠职方员外郎苏君墓志铭》中如此评价苏序："为人疏达自信，持之以谦，轻财好施，急人之病，孜孜若不及。"短短几句，将苏序的自由豪放之态展现得淋漓尽致。

说回苏洵。苏洵排行老三，二哥苏涣登科及第的那一年，苏洵虚岁十六，正年少轻狂，目睹二哥中进士后"乡人叹息，观者如云"的景象，很难说内心没有感受到冲击。对比之下，二哥苏涣是眉州人的骄傲，是苏家的代表，而自己成天游山玩水，则是别人眼中不学无术的典型。俗话说"没有对比，就没有伤害"，在二哥苏涣的衬托下，苏洵为自己的寂寂无闻感到自卑，也为自己的不思进取感到羞耻。受到这种情绪的影响，就连游山玩水都变得无滋无味起来。

年轻气盛的苏洵暗暗思忖："二哥能做到的事情，我为什么做不到？"思罢，他重拾书本，读起了四书五经，决定效仿二哥，考取功名回来给大家看看。有苏涣高中在前，苏家父母望子成龙的目标已经达成，所以对苏洵的成败并不十分在意，抱着"锦上添花"的心情鼓励苏洵参加乡试，没想到苏洵还真的顺利通过了。天圣四年（1026 年），苏洵获得进京赶考的资格。

苏洵自小无拘无束惯了，读书也是凭着对二哥的羡慕之情，心血来潮，读了个囫囵吞枣，虽然凭着天赋过了乡试，但终究是差点儿火候。初到东京的苏洵并没有得偿所愿，进士及第的目标宣告失败。

当十八岁的苏洵得知自己科举落榜的那一刻，内心涌起一阵淡淡的讶异，就如同平静的湖面上被投入了一颗小小的石子，泛起了微微的涟漪。"哎呀，落榜了呢……"他在心底轻轻叹息，那叹息声中既有对结果的一丝无奈，又似乎夹杂着几分对自己的小小责怪。但很快，这一丝波澜便被他内心深处那股不服输的倔强抚平。

站在榜前发呆的苏洵，脑海中走马灯般闪过那些挑灯夜读的时光，无数篇用心琢磨的文章就像他精心培育的花朵，却没能在这次科举中收到成果。苏洵心中有愤怒，愤怒这科举的不公，为何不能识得他的才华；有悔恨，悔恨自己或许还不够努力，还存在着诸多不足；有悲哀，悲哀自己的前途似乎一下子变得渺茫起来。"哼，不过是这次运气不好罢了。"他在心里暗暗为自己打气，告诉自己：我年龄尚小，还有大把的机会去拼搏。

周围的树木静静地伫立着，树叶在微风中轻轻摇曳，发出沙沙的声响，仿佛在低声诉说着什么。苏洵想象着未来的自己，暗暗想着："迟早有一天，我也会像二哥那样，成为家族的骄傲。"一股莫名的渴望在他心中萌芽。

一番自我安慰之后，苏洵很快便将落榜的事情抛之脑后，转而思考去哪儿散心。苏洵的这种心态跟父亲苏序的教育理念有关。

想来，苏序是熟读《论语》的，也许是受孔子的启发，在对几个孩子的教育上，讲究"因材施教"。《论语·先进》篇中记载了一个关于孔子因材施教的典型例子。一次，子路问孔子："如果听到别人说应当去做某件事，那么是否应该马上行动呢？"孔子回答："父亲和兄长都还在世，怎么能不同他们商量就行动起来呢？"可是，当冉有问同一个问题时，孔子却说："立即去做吧！"看到这一幕，旁边的公西华就问孔子："这两位同学问同一个问题，您的回答怎么不一样呢？"孔子说："冉有平时胆小，做起事来容易退缩、保守，所以我鼓励他大胆去做；子路胆量过人，做事莽撞，所以我有意限制他一下。"

苏序也遵循这样的教育之道。大儿子苏澹从小体弱多病，苏序便不勉强他学习；二儿子苏涣聪明颖悟，自幼一心向学，他就对其鼓励有加；小儿子苏洵天资过人，但心有旁骛，他就循其天性，顺其发展。基于这样的想法，苏序对苏洵是否能科举中第，并不太在意。

对此，欧阳修和苏轼均有记述。欧阳修《故霸州文安县主簿苏君墓志铭》说："（苏洵）年已壮，犹不知书，职方君纵而不问，乡间亲族皆怪之。或问其故，职方君笑而不答，君亦自如也。"苏轼《苏廷评行状》说："然轼之先人少时独不学，已壮，犹不知书。公未尝问。或以为言，公不答。久之，曰：'吾儿当忧其不学耶？'"对于苏洵的浪荡，苏序根本没当回事，对乡邻亲族们的质询、责难，也只是一笑了之。

所谓"知子莫若父"，苏序并不是真的不在乎苏洵，恰恰相反，他是因为太了解这个有点儿叛逆的小儿子。知道他不甘被声律、句读之学拘束，所谓的"游荡不学"只是对于考取功名而言。对于人生来说，"游荡"其实也是一种学习，可以密切与社会接触，增加人生阅历。再加上苏洵"为人聪明，辩智过人"，只要他想学，就不难"大究六经、百家之说"。苏洵后来曾感叹说："知我者唯吾父与欧阳公也。"

苏序虽然在学业上放纵儿子，但对苏洵的人生大事还是很重视的。常言道，男大当婚，女大当嫁。科举之事告一段落，而苏洵正是到了成家的年纪。天圣五年（1027年），奉"父母之命，媒妁之言"，十九岁的苏洵和眉山大户程文应的女儿结婚了。程氏生于大中祥符三年（1010年），比苏洵小一岁，父亲程文应官至大理寺丞，程家当时在眉州也属望族。

在眉山，程、石、苏三族中，程家最富。程家小姐虽说相貌并非沉鱼落雁，但也是端庄闺秀。更为难得的是，程小姐完全没有富家千金常见的骄矜做派和矫情习气，她知书达礼，温文尔雅。对于这门婚事，苏洵和父亲苏序都很满意。

苏轼《书外曾祖程公逸事》中说："公讳仁霸，眉山人。以仁厚信于乡里。蜀平，中朝士大夫惮远宦，官阙，选土人有行义者摄。公摄录参军……舅氏始贵显，（外祖父）寿八十五。曾孙皆仕有声，同时为监司者三人。""舅氏"指程浚，与苏洵之兄苏涣同科进士及第。苏轼曾说："伯父登朝，而外氏程舅亦登朝。"（《师友谈记》）苏轼的外曾祖程仁霸，仅摄录参军，且不久即"罢归"。司马光在《苏主簿夫人墓志铭》中记载:"夫人姓程氏,眉山人,大理寺丞文应之女。"这里的大理寺丞是"封官"。苏轼曾对李廌说:"外祖甚富,(苏、程)二家连姻,皆以子贵封官。"(《师友谈记》)"外祖"指程文应。

由此推测,在苏、程联姻时,程氏一族虽为眉山巨富,但并不显要,再加上苏家二子中举后入仕,从家庭背景上来说,两人算得上"门当户对"。另外一点是,少年苏洵拥有过人的聪慧、健康的体魄,也让程家对其印象加分,把女儿托付给这样的人家,终究是可以放心的。

此外,在民间传闻中,程家与苏家能结成亲家,还有一个充满奇幻色彩的原因:道士卜卦,说苏洵是文曲星下凡。据说,眉山天庆观的北极院有一位自称"张易简"的老道长,自称师从张天师,擅长望气看相,人称"活神仙"。一日,张道长偶遇在田间随父劳作的苏洵,当即大喊:"年轻人!你身负文曲星之命,岂能做此等粗活?实在是大材小用。"

由于张道士在眉山赫赫有名,乡人对其相面之能深信不疑,因此"文曲星下凡"的说法迅速传播开来,众人对这个不务正业的苏洵另眼相待起来。程小姐的祖父、程文应的父亲程仁霸,亦对这一说法深信不疑。

张道长预言苏洵为"文曲星下凡",程仁霸不禁想起昔日吕公为刘邦看相,称其有贵人之相,日后必成大器,遂将爱女吕雉嫁与刘邦。而后，刘邦果真建立大汉，成为汉高祖，成就丰功伟业。想碰碰运气的程仁霸立即派人将孙女的生辰八字送交苏家，欲与苏家结为亲家。一段美好姻缘就此促成。

尽管道士相面这种说法虚无缥缈，但回顾历史，程仁霸的决定称得上英明之举。他准确地预测了苏洵的命运，而其孙女程氏后来又生下了中国文坛上备受尊崇的"双子星"——苏轼和苏辙。

再说回这边，程氏过门后，虽然苏家家庭条件不如娘家，但她没有一丝不满和傲慢。在家人面前，她孝顺翁姑，呵护夫君，勤俭持家。在外人面前，她谦恭而识礼，低调而谨慎，博得了大家的赞誉和尊重。司马光曾评价程氏："夫人入门，执妇职，孝恭勤俭。族人环视之，无丝毫鞅鞅骄倨可讥诃状。"

苏洵的祖母宋氏，年老多病，性格怪僻。据说夜里睡觉时，她听不得任何猫叫鼠吱声，连家人走路的脚步声重了一点，她都会严厉呵斥一顿。但这位"难缠"的奶奶对程氏十分满意。自从嫁进来之后，程氏早晚都要为她梳头洗脚、熬药喂药，晚上还帮她把床褥铺好，等她睡妥帖了，才回房休息。程氏的贤惠和孝心，宋氏看在眼里、喜在心里，逢人就夸程氏贤良淑德，甚至在临终前，也不忘把苏洵叫到床前，叮嘱他要善待程氏。

自程氏进门后，苏家在其打点和经营下，一度其乐融融、幸福美满。但生活除了需要鲜花，也需要面包。苏家虽有田可种，且程氏带来了丰厚的嫁妆，却禁不住苏家乐善好施。一来二去，一家人的生活就有点儿捉襟见肘了。苏轼在回忆童年时光时，曾说他和弟弟苏辙小时候经常吃"三白饭"。所谓"三白饭"就是，白米饭、白萝卜各一碟，再加一撮白色的盐巴。可见当时苏洵一家生活之窘迫。

也曾有别家妇人闲谈时问程氏："你为什么不向娘家诉苦呢？父母兄弟都疼爱你，为何不向他们借钱生活呢？那样，也不至于成天过这种粗茶淡饭的生活。"

程氏平静地回答："虽然我知道父母兄长见我如今艰难，一定会接济我，但是我不能让他们看不起我的夫君。如果让娘家人认为夫君要靠别人资助才能养活妻儿，岂不是丢了夫君颜面？这是要让他被人背后说闲话的。"

毕竟是读过诗书、受过教育的富家千金，程氏的回答尽显治家兴家的智慧。一个家庭若是依靠他人救济，就算依靠的是娘家的亲人，时间一长，也会生出嫌隙。程氏坚信，苏洵才华横溢，天资聪颖，他只是在等待一鸣惊人的机会，终有一日他会发愤图强、有所成就的。

对于妻子的担忧，苏洵是知道的。程氏过世后，他在《祭亡妻文》中说："昔予少年，游荡不学。子虽不言，耿耿不乐。我知子心，忧我泯没。"此时的苏洵，父母健在、妻子贤惠、兄弟友爱，尽管生活过得清贫了点儿，却与苦难沾不上边，年少无知不畏愁，日子很长，未来离他还很远。

觉醒发愤，有心向学

苏洵婚后第二年，程氏怀孕，诞下一个女孩。但这个长女未满周岁就夭折了。

年轻的苏洵和程氏第一次为人父母，悲痛不已，程氏更是每天以泪洗面。苏洵除了安慰妻子之外，能做的就是日日祈祷再当父母。

也许是苏洵常年在外游历，婚后第三年，夫妻俩还没有迎来第二个孩子。常言道，不孝有三，无后为大。苏洵虽不在意，但街坊邻里难免有些闲言碎语，惹得程氏郁郁寡欢。苏洵虽然心疼，却没有什么办法，一时间，家中的气氛变得愁闷起来。

天圣八年（1030 年）重阳节，苏洵昔日游历时结识的一位道长无碍子云游至蜀地。他在苏洵家附近的玉局观落脚，派人给苏洵送来帖子，邀请他到观中叙旧。老友来访，苏洵收到请帖后，应邀而至。

无碍子和苏洵性情相似，十分投缘。苏洵到达时，无碍子亲自出迎，并带他参观玉局观的亭台楼阁、庙堂殿宇，观赏山泉古树。这一番游览，让苏洵对玉局观的清幽景色和道家风范赞叹不已，还与无碍子聊起了这座道观的起源。

相传，这玉局观原本只是西汉时期为办学而建的一间石室，还曾在东汉初年因经历火灾而荒废。四十多年后，道家李老君和张道陵两位道长路过此地，席地而坐，讲《南北斗经》的时候，平地生出一张局脚①玉床。待二人讲经完毕，这玉床又凭空不见了，其所在的位置出现了一个洞穴。后来，为纪念二人谈经现玉床的奇事，此地就建了一座玉局观。

玉局观因何而建，我们当作奇闻逸事听之即可，但对于苏洵而言，这则传说很有吸引力，它为这座道观增添了一份神秘与传奇色彩，让苏洵对道家之事更信了几分。之后，苏洵与无碍子进入室内饮茶时，见房间内的墙面上悬挂着一幅笔法清奇的人物画作。一名英姿飒爽、眼神专注的男子手持弯弓，蓄势待发，他的膝下有五个孩子环绕着。苏洵见状颇为好奇，连

----

① 局脚：装在器物底部的曲脚。魏晋以后，盛行在坐榻下装上曲折形的高脚，这种坐榻被称为局脚床。

忙询问无碍子这名男子是谁。无碍子道长笑着说："这是我道家有感必应的张仙啊！这画上的五个孩子，乃是'五子登科'之意。"

张仙是五代时期一位善用弓箭的神仙。据传，他会用弓箭帮人家中驱灾灭邪。而后，花蕊夫人诓骗宋太祖，说她供奉的亡夫孟昶的画像是张仙，是求子的神仙。后来，真假传说附会并传到民间之后，百姓就将这张仙当作送子神仙祭拜。

听完无碍子的解释后，苏洵想到自己早夭的女儿和伤心的妻子，顿时也生出拜仙求子之心。当下，他便和无碍子说了自己的烦心事儿，希望无碍子能割爱，将这幅张仙画像送与他，而他愿拿玉环交换。

无碍子道长本就与苏洵相熟，见他求子心切，便欣然答应了他。

苏洵把张仙画像请回家后，将其悬挂在卧室，并且每日早晚都与程氏诚心拜祭。景祐元年（1034 年）冬，苏洵夫妻如愿以偿。程氏生下长子，苏家上下一片喜气洋洋。感怀于这个来之不易的孩子，苏洵给儿子取名"景先"。

苏洵热爱收藏，一生珍藏名家画作百余幅，但要说最喜欢、最珍贵的，却非这幅张仙画像不可。晚年欣赏观摩收藏之作时，他还在画像上题词：

洵尝于天圣庚午重九日至玉局观无碍子卦肆中见一画像，笔法清奇，乃云："张仙也。有感必应。"因解玉环易之。洵尚无子嗣，每旦必露香以告，逮数年，既得轼，又得辙，性皆嗜书。乃知真人急于接物，而无碍子之言不妄矣。故识其本末，使异时祈嗣者于此加敬云。

这段题词印证了苏洵玉环换画像求子的真实性，也让我们了解到苏洵更多的人生细节。

喜得麟儿，是大喜事。然而，在此之前，苏洵却先遭遇了母丧。并且由于史氏病来如山倒，苏洵在外游历，来不及赶回家，导致没能见到母亲最后一面。

母亲的突然离去，使苏洵在一夜之间成熟了许多。回想起母亲的教诲和关爱，以及自己多年来的碌碌无为和放纵不羁，他懊悔不已，失声痛哭。他恨自己未能在母亲在世时多尽孝道，也恨自己不能像二哥苏涣那样考取功名，让母亲欣慰开怀。

丧母之痛让苏洵从无忧无虑的状态跌入愁苦深渊。"落拓鞍马间"的美梦醒了，现实是生死相隔的至亲，以及前途迷茫、贫困交加的自己。苏洵沉浸在悔恨里，夜不能寐，形神俱损。

这时，哥哥苏涣回乡奔丧，看到弟弟的落魄模样，有心点拨。苏涣比苏洵年长不少，对这个不听话的弟弟一直持宽厚的态度，始终关爱有加。他觉得弟弟是有灵性、有才学的，只是他没有合适的机会引导弟弟，以帮助弟弟走上正途。

见弟弟因为母亲病故如此消沉，即将丁忧期满的苏涣对苏洵说："三弟，这些年你游历名山大川，那些都是我未曾见过的，你能否用文章刻画这些山河美景，让我也见识见识？"听到哥哥的要求，苏洵一下子羞红了脸，觉得自己胸无点墨，是写不出什么好文章的。

哥哥苏涣见状，给了他一个建议："听长辈说，我们眉山苏家是从外地迁过来的。你走了那么多地方，交了那么多朋友，能不能在游历的过程中，遍访长辈，梳理一下我们苏家的脉络？"

得到苏涣的建议重修族谱的苏洵，开始了漫长的家族溯源之路。为了查询历代以来苏氏的踪迹，苏洵不仅要访求苏家长辈，还要在古书中寻找蛛丝马迹，为此他查阅了《左传》《战国策》《史记》等诸史，最终编成了《苏氏族谱》。这部作品对后世产生了深远的影响，一直到明清时代，族谱的编写仍以其为范本。

其实，苏涣让苏洵重修族谱，可谓用心良苦。族谱纂修是件细致烦琐的事情，需要大量考查并阅读典籍。让性情浮躁跳脱的弟弟苏洵修族谱，一方面能让苏洵静下心来，打磨自己；另一方面，苏家自唐以来多名人，很多先祖都是蜀地历史上的风云人物。苏涣希望借此次重修族谱，唤起苏洵的家族荣誉感，让他在先人事迹的激励下，重拾发愤之心。

俗话说，"时间是最好的良药"，苏洵没有辜负二哥的期待，渐渐从母亲去世的悲痛中走出。

景祐二年（1035年），小女儿八娘出生。儿女双全的日子，让苏洵开始感受到成家立业的压力。这时，他的父亲苏序已年过六旬，而且一贯不大理家事，母亲的去世让家里又少了一份帮衬的力量，大哥苏澹身体又不好，二哥苏涣在外做官，常年不在家，养家的重担就只能落在苏洵身上了。

苏洵开始反思自己：是该告别成日游山玩水的生活，承担起照顾家人的责任了。虽然自己已错过了考取功名的最佳时间，但凭着自己的资质，抓紧时间读书，假以时日，得个功名应该是可以的。可是转念一想，家中老少十几口人，都需要照看，如果这时候开始读书，自己必然无暇顾及家中，这一大家子人的生计谁来经营？

是解眼前的燃眉之急，还是从长计议，为家人谋求更好的生活条件？苏洵陷入了鱼与熊掌不可兼得的困境。一日，苏洵郑重其事地请妻子程氏坐下，说是要跟她商量一件大事。程氏觉得纳闷，夫君平日浪荡惯了，很少有正经的时候，今天却一反常态，恭恭敬敬地邀她商量所谓的"大事"，该不会是不想读书，又要出门远游了吧？

苏洵神色有些严肃。半晌，他才感慨地说："吾自视今犹可学，然家待我而生，学且废生，奈何？"翻译过来就是：我感觉自己还有希望考个功名，但一家老小都等着我养活，如果我一心读书就无暇顾及生计，怎么办？

程氏一听，有些不敢相信自己的耳朵，又细细回味了一遍苏洵的话，确定自己没听错，一颗悬着的心这才落了地。

苏洵这番话，她等了好几年。她不假思索地回道："我欲言之久矣，恶使子为因我而学者。子苟有志，以生累我可也。"意思是：我早就想跟你说这件事了，只是不想让你因为我才学习。夫君如果真的有志读书，把一家生计交给我负责就行了。

程氏的回答尽显她大家闺秀的知书达礼，充分尊重这位在他人眼里有些不着调的夫君。他想游玩就让他游玩，玩够了想读书，那就全力以赴地支持。程氏劝夫为学的思路，在其日后教育苏轼、苏辙二子时也用过。可以说，如果没有程氏这位贤内助，苏洵恐怕在二十七岁时就因为家庭的重任而放弃读书了。

程氏有见地，有胆识，为了让夫君专心向学，她不仅要承担这个大家庭里所有的家务，而且还必须改善苏家的经济状况。关于如何致富，她也有了眉目，那就是去县城做生意。做生意

不仅要本钱，而且还会冒风险。苏家祖传的田产和房产自然是
不能抵押的，但她当初结婚的时候娘家陪嫁的嫁妆可是一笔不
小的数目。

说干就干，程氏拿出当年的嫁妆，包括细软服饰，全部变
卖，在眉山县城西南一隅的纱縠行租了几间房子，做起了丝绸
绢帛的生意。关于程夫人变卖妆奁做本金，经营布帛织物生意
这段经历，苏轼在文章中曾提及：

> 先夫人僦居于眉之纱縠行。一日，二婢子熨帛，足
> 陷于地。视之，深数尺，有一瓮，覆以乌木板。夫人命
> 以土塞之。瓮中有物，如人咳声，凡一年而已。人以为
> 有宿藏物，欲出也。

正是因为程氏的一番操作，加之其对生意的精心打理，以
及苏家人方圆十里尽人皆知的好名声，程氏的生意才能越做越
好，不出几年就让苏家过上了家有余粮、富庶平安的生活，再
也不用像之前那样吃"三白饭"。

苏洵不再跟以前斗鸡走狗的少年朋友玩乐，而是认真学
习，足不出户，废寝忘食。这才有了《三字经》中的："苏老泉，
二十七，始发愤，读书籍。"

相传，有一年的端午节，程氏发现苏洵未吃早饭就进了书

房，便剥了几只粽子，盛了一碟红糖，送到书房里。等到近午时分，程氏去收拾碟盘，发现粽子没了，而一碟红糖却一动未动。程氏有些奇怪，细细一看，砚台旁残留着几颗糯米粒，苏洵的嘴边也是黑白斑斑，白的是糯米，黑的是墨汁。她恍然大悟，扑哧一声笑起来：原来苏洵只顾读书，把墨汁当作红糖蘸来吃了。

因为程氏贤良淑德、精明能干，苏洵终于能无后顾之忧，放下心来踏实读书。可以说，没有程氏的努力和扶持，就没有苏洵后来在文坛上的辉煌成就。

再试铩羽，山水抚人心

景祐四年（1037 年），苏洵与妻子程氏和尚是婴孩的苏轼告别，启程入京，并在三十岁这年，参加了礼部考试。

北宋时期，进士考试是三年一次，当时的进士考试要考诗赋，对"句读、属对、声律"等有较高的要求。苏洵正是因为不喜欢这些，年少时才不愿意读书，虽然这两年在家恶补，但诗赋仍是苏洵的软肋。不出意外，苏洵又落榜了。尽管他自信满满，但现实总是不尽如人意。

更让苏洵难受的是，与他一同参加考试的石昌言却进士及第。亲人考中进士，给苦读两年无果的苏洵又带来了一重压力和冲击。

石昌言比苏洵年长十三岁，在苏洵还是个孩子时，他就立志要考取功名，还曾鼓励尚为孩童的苏洵好好读书，夸赞他有天赋。石昌言的仕途也不顺利，一直考了二十多年，才在四十三岁这年得偿所愿，进士及第，步入仕途。几年后，苏洵与石昌言于京师重逢，彼时苏洵还是一届布衣，而石昌言得朝廷器重，成为出使契丹的特使。

在石昌言出使契丹前，苏洵特意写了一篇《送石昌言使北引》赠给石昌言（此篇为赠序，但因苏洵的父亲名序，因避讳其父亲的名字，所以不称序而改为引），叮嘱石昌言以史为鉴，不惧强敌威胁，弘扬大宋之骨气与正义：

> 昌言举进士时，吾始数岁，未学也。忆与群儿戏先府君侧，昌言从旁取枣栗啖我，家居相近，又以亲戚故甚狎。昌言举进士，日有名。吾后渐长，亦稍知读书，学句读、属对、声律，未成而废。昌言闻吾废学，虽不言，察其意甚恨。后十余年，昌言及第第四人，守官四方，不相闻。吾以壮大，乃能感悔，摧折复学。又数年，游京师，见昌言长安，相与劳苦如平生欢，出文十数首，昌言甚喜称善。吾晚学无师，虽日为文，中甚自惭，及闻昌言说，乃颇自喜。今十余年，又来京师，而昌言官两制，乃为天子出使万里外强悍不屈之虏庭，建大旆，从骑数百，送车千乘，出都门，意气慨然。自思

为儿时，见昌言先府君旁，安知其至此？

富贵不足怪，吾于昌言独有感也！丈夫生不为将，得为使，折冲口舌之间足矣。往年彭任从富公使还，为我言，既出境，宿驿亭。闻介马数万骑驰过，剑槊相摩，终夜有声，从者恒然失色。及明，视道上马迹，尚心掉不自禁。凡虏所以夸耀中国者多此类，中国之人不测也。故或至于震惧而失辞，以为夷狄笑。呜呼！何其不思之甚也！昔者奉春君使冒顿，壮士、大马皆匿不见，是以有平城之役。今之匈奴，吾知其无能为也。孟子曰："说大人者，藐之。"况于夷狄！请以为赠。

这篇用词简练的赠序，在数百字之间将苏洵劝勉之意、鼓励之情及政治态度发挥得淋漓尽致，不但勉励石昌言要藐视强虏、莫惧威胁，还表达了自己对石昌言此次出使行动的莫大信任。从这数百字之言，就可见苏洵的大家风范。苏洵感慨："自思为儿时，见昌言先府君旁，安知其至此？富贵不足怪，吾于昌言独有感也！丈夫生不为将，得为使，折冲口舌之间足矣。"这篇序不仅感叹两人十几年间的变化，也羡慕石昌言实现了自己尚未实现的"丈夫之志"，是对自己求功名无所获的无奈感慨。

回到此次落第之时，此时的苏洵，在喧闹繁华的东京城感受了一番大都市的风情后，打算回乡了：

> 振鞭入京师，累岁不得官。
>
> 悠悠故乡念，中夜成惨然。

　　从东京回眉山，自然要向西南方向前行，一路上，即使有落第的愁闷，苏洵仍旧感受到了江天寥廓，风光无限。

　　嵩山乃五岳之"中岳"，东侧主峰太室山、西侧少室山等山脉连绵起伏、山势峻峭，深受文人雅士赞赏。苏洵粗略观赏后，首先来到了中岳庙。抵达中岳庙东华门时，夜幕已经降临，苏洵便在庙内留宿，还享用了一顿美味的斋饭。用餐时，他与寺中僧侣闲谈，得知大书画家卢鸿的旧居卢岩寺就在附近。卢鸿是唐代与王维齐名的大书画家，因拒受唐玄宗诏命而归隐嵩山，其故居后来变成了卢岩寺。

　　兴致勃勃的苏洵决定一睹名家故宅的风采。踏着星光，苏洵穿越交错的小山和潺潺的溪流。卢岩瀑布高悬飞流，直泻而下，山谷间风声幽幽回荡。卢岩寺被峡谷环绕，群峰耸立，石壁陡峭，宛如一道屏障。林间风响如音律交错，泉水清澈激荡，仿佛琴瑟和谐的奏鸣。沿途所见景致，令苏洵为之倾心，难以自拔。

　　抵达卢岩寺后，苏洵毫不掩饰自己的来意，他自报家门，表达了对这里的景致和卢鸿故事的向往。寺院的住持热情地接待了这位远道而来的青年，为他讲解了卢岩寺上下的历史典故，还赠送给苏洵一幅卢鸿的珍贵画作，作为这次相遇的纪念。

苏洵继续东行，抵达太室山。太室山被《诗经》形容为"嵩高峻极"，北瞰黄河、洛水，南临颍水、箕山，东通郑汴，西连十三朝古都洛阳，是古京师洛阳东方的重要屏障。山体雄浑壮美，层峦叠嶂，庄严挺拔的气势让人情不自禁感叹自然的壮美。苏洵在这山水间渐渐找到了自己心中渴望的广袤和豁达。

数日之后，苏洵来到少室山下的少林寺，一番游访后又渡溪、攀山，来到少林寺南侧的二祖庵。二祖庵是禅宗二祖慧可的供奉之地。相传，慧可断臂后就在这里清修。后来，达摩将衣钵传于慧可，慧可因此成为中国第一代禅宗传人。苏洵陶醉于这座面积不过半亩的小庵，沉浸在古树古庵透露出的悠久岁月中，同时也在找寻着心灵的归宿。

嵩山之旅的最后一站，苏洵登上了太室山顶峰。极目远眺，四周的山崖碧玉般镶嵌在山中，美不胜收。山风骤然吹起，流云与雾霭相互交织，令人不禁生出飘飘欲仙之感。

告别嵩山后，苏洵一路向西南行，进入陕西境内，来到华山。他先拜谒西岳庙，再登上万寿阁，却都感觉平淡无奇。苏洵想起曾听闻陈抟为躲避五代战乱而隐居于云台观修炼的故事，据说当时陈抟"每寝处，多百余日不起"。苏洵心想，这大概是陈抟想通过沉睡逃避世事吧。怀着对奇闻逸事的浓厚兴趣，苏洵游览了云台观，又兴致勃勃地爬上白云峰，夜宿玉女祠，次日来到了苍龙岭。

据《唐国史补》记载，韩愈和宾客一起游览华山，登上苍龙岭之后，回头一看，顿时痛哭流涕。原来，上山容易下山难，下山的小道陡峭险峻，望着万丈深渊，韩愈两腿发软，觉得自己恐怕要交待在这里了，一时间万念俱灰，取出随身携带的纸笔，挥笔写下遗书，继而号啕大哭。此时，苏洵站在苍龙岭的悬崖峭壁和深渊巨石旁，真切地感受到韩愈当年的恐惧，同时也不由自主地想起少时石昌言鼓励他，说他将来一定能与韩退之齐名。一瞬间，落榜的失望情绪再度涌上心头，他黯然神伤起来。

继续前行，他途经终南山、长安城，作诗《上田待制》，赞叹此地山川富饶、民风强悍，有诗句云：

> 日落长安道，大野渺荒荒。
>
> 吁嗟秦皇帝，安得不富强。
>
> 山大地脉厚，小民十尺长。
>
> 耕田破万顷，一稔粟柱梁。
>
> 少年事游侠，皆可荷弩枪。

勇力不自骄，颇能啖干粮。

　　翻越秦岭，登剑阁，苏洵骑马行于倚山而建的栈道，时而俯瞰，山溪深不见底，山石如戈矛林立，如一座天然武库。有些地方，阁道难辨，马亦不敢前行；有的路段，崖窄路险，人与崖壁擦肩而过；有的地方，左临峭壁，右临深渊，似是容不下一条绳索。有时，必须驻马四望，寻找路径，不忍心鞭策马儿；有时，必须下马步行，小心通过。登上剑阁，看到了烟雾朦胧的家乡，再过了鹿头山，苏洵终于要到家了。

　　苏洵这次进京赴考，虽然以失败告终，但领略到的山川风景，让他大开眼界。《忆山送人》中记载了苏洵这一路的所见所感：

　　　　自是识嵩岳，荡荡容貌尊。

　　　　不入众山列，体如镇中原。

　　　　几日至华下，秀色碧照天。

　　　　上下数十里，映睫青巑岏。

　　　　迤逦见终南，魁岸蟠长安。

　　　　一月看山岳，怀抱斗以骞。

　　　　渐渐大道尽，倚山栈萦缘。

　　　　下瞰不测溪，石齿交戈铤。

虚阁怖马足，险崖摩吾肩。

左山右绝涧，中如一绳悭。

傲睨驻鞍辔，不忍驱以鞭。

累累斩绝峰，兀不相属联。

背出或逾峻，远骛如争先。

或时度冈岭，下马步险艰。

怪事看愈好，勤劬变清欢。

行行上剑阁，勉强踵不前。

矫首望故国，漫漫但青烟。

及下鹿头坡，始见平沙田。

特别值得一提的是，这次进京，苏洵结识了眉山奇士史经臣，并与他成了莫逆之交。史经臣，字彦辅，出身于眉山城内一个"门前万竿竹，堂上四库书"的书香门第。据说他博学多闻却又纵横放肆，常常在公共场合抛出奇文怪论，语惊四座，所以被冠以"眉山奇人"的称号。有一次，史经臣喝醉了酒，半夜红着脸跑到苏洵家里，狂歌喧哗。苏洵则正襟危坐，看着他，一晚上都没有说话。

回到家中，苏洵更加刻苦，闭户读书，有时也呼朋引伴出游。这期间，他结识了一些眉州有名的知识分子，如眉州知州山东人董储、眉山人陈公美等，还与陈公美结拜为兄弟。宝元二年（1039 年），苏洵得第三子苏辙——就是后来我们熟知的那位经常和哥哥苏轼写信传情，并且为了"捞"被贬谪的哥哥而努力为官的苏辙。

仍有报国志，再度落榜

苏洵有一篇流传千古的《六国论》：

六国破灭，非兵不利，战不善，弊在赂秦。赂秦而力亏，破灭之道也。

或曰：六国互丧，率赂秦耶？曰：不赂者以赂者丧，盖失强援，不能独完。故曰：弊在赂秦也！

秦以攻取之外，小则获邑，大则得城。较秦之所得，与战胜而得者，其实百倍；诸侯之所亡，与战败而亡者，其实亦百倍。则秦之所大欲，诸侯之所大患，固不在战矣。思厥先祖父暴霜露、斩荆棘，以有尺寸之地。子孙视之不甚惜，举以予人，如弃草芥，今日割五城，明日割十城，然后得一夕安寝。起视四境，而秦兵又至矣。然则诸侯之地有限，暴秦之欲无厌，奉之弥繁，侵之愈急，故不战而强弱胜负已判矣。至于颠覆，理固宜然。古人云："以地事秦，犹抱薪救火，薪不尽，火不灭。"此言得之。

齐人未尝赂秦，终继五国迁灭，何哉？与嬴而不助五国也。五国既丧，齐亦不免矣。燕、赵之君，始有远略，能守其土，义不赂秦。是故燕虽小国而后亡，斯用兵之效也。至丹以荆卿为计，始速祸焉。赵尝五战于秦，二败而三胜。后秦击赵者再，李牧连却之。洎牧以谗诛，邯郸为郡，惜其用武而不终也。且燕、赵处秦革灭殆尽之际，可谓智力孤危，战败而亡，诚不得已。向使三国各爱其地，齐人勿附于秦，刺客不行，良将犹在，则胜负之数，存亡之理，当与秦相较，或未易量。

呜呼！以赂秦之地封天下之谋臣，以事秦之心礼天下之奇才，并力西向，则吾恐秦人食之不得下咽也。悲夫！有如此之势，而为秦人积威之所劫，日削月割，以趋于亡。为国者无使为积威之所劫哉！

夫六国与秦皆诸侯，其势弱于秦，而犹有可以不赂而胜之之势。苟以天下之大，下而从六国破亡之故事，是又在六国下矣。

《六国论》由苏洵一气呵成，他只求一吐心中的不快。全文仅五百余字，却以古鉴今，主旨明晰，切中要害，成为后世史论的典范。甚至在东京沦陷、金兵入京掳走二帝、北宋灭亡之时，其中的局势发展，也没有超出苏洵《六国论》的意旨。由此可见，苏洵在三十多岁时就已经具备非常敏锐的历史洞察力。

"三苏"都写过《六国论》。苏轼的《六国论》，从六国久存而秦二世速亡的角度切入，通过对比分析，凸显了"士"对国家长期发展的重要作用。而苏辙的《六国论》观点稍显陈旧，他认为六国被秦所灭是因为合纵不利，六国不能团结一致，所以灭亡是咎由自取。相比之下，苏洵的《六国论》与苏轼、苏辙二子的大不相同，与其说他是论述六国与秦的兴衰关系，不如说是借题发挥。他以六国灭亡的教训为鉴，借古喻今，警告宋朝不要重蹈覆辙。表面上谈的是历史，实际上是劝谏当今，袁宏道评价这篇《六国论》："此篇论六国之所以亡，乃六国之成案。其考证处，开阖处，为六国筹画处，皆确然正议。末影宋事尤妙。"

宝元元年（1038年），西北赵元昊公然上疏挑战朝廷威严，称自己已经称帝，宋王朝讨伐西夏，战争由此展开。庆历元年（1041年），好水川一战，宋军万余将士阵亡。第二年，辽国趁西夏之乱要挟宋王朝，除了按照澶渊之盟向辽国每年进献大量物资外，宋王朝还须每年向辽国额外增纳银、绢各十万两、匹。

庆历三年（1043年），尽管元昊多次取胜，但自身伤亡过半，不得不上疏请求议和。四月，和议达成，宋王朝每年赐予西夏银十万两、绢十五万匹、茶三万斤。

讨伐辽和西夏的战争失败，宋仁宗想通过革新朝政以达到富国强兵的目的，先后任命范仲淹为参知政事、富弼为枢密副使、欧阳修等人为谏官。范仲淹提出了"明黜陟，抑侥幸，精贡举，择长官，均公田，厚农桑，修武备，推恩信，重命令，减徭役"等十条政纲，多为仁宗所采纳且付诸实行，这就是庆历新政。

庆历新政大大鼓舞了全国有志之士，当时略有才能的人纷纷而起，苏洵也希望将来能"自奋于其间"（《上欧阳内翰第一书》)。但是，庆历新政侵犯了贵族阶层的利益，推行仅一年就失败了。范仲淹、富弼、欧阳修相继远离朝堂，但他们的政敌却没有善罢甘休。首当其冲的便是著名诗人、监进奏院苏舜钦，因他是范仲淹所推荐的，又是支持新政的宰相杜衍的女婿，所以成为众矢之的。出于杀鸡儆猴的目的，他们针对苏舜钦以卖废纸的钱祀神、以妓乐娱宾等事，进行弹劾，大肆兴风作浪。

苏洵目睹了这次庆历新政的失败，见证了大宋朝政府花钱"买和平"的行为，朝廷的软弱无能让苏洵及天下文人十分失望。看着偶像欧阳修等人或被贬或出走，他认为即使自己学有所成，也无法让国家变得更强盛。

虽然对朝廷感到失望，三十七岁的苏洵仍然入京赶考。这次，他与好友史经臣结伴而行。他们一起参加了制科考试，可惜双双落榜。

这次参加的制科考试属于为选拔"非常之才"而举行的不定期、非常规考试。制科考试起源于唐代。《新唐书·选举志》载："其天子自诏者曰制举，所以待非常之才焉。"《通典·选举典》载："其制诏举人，不有常科，皆标其目而搜扬之。试之日，或在殿廷，天子亲临观之。试已，糊其名于中考之，文策高者特授以美官，其次与出身。"这两篇文献是对唐代制科概述比较权威的记载。从唐代开始，制科在科举中与常科并峙鼎立，体系完整，补充了政府部门选拔人才的缺憾之处。

宋真宗在位时，制科被废置过较长一段时间，直到仁宗即位之后才恢复。制科考试原有六科，分别是贤良方正能直言极谏科、才识兼茂明于体用科、识洞韬略运筹帷幄科、博通坟典明于教化科、详明吏理可使从政科、军谋宏远材任边寄科。后来，宋仁宗恢复制科后，又新设高蹈丘园科、沉沦草泽科和茂材异等科，共形成九科的制科考试。

从九科明目上观察，我们可以发现，不同科的考试均有所侧重，需要应试者有谏官品识、吏治才干、军事谋略等方面的才能。这样复杂多样的考试，能让当时的"布衣才子"有更多展现自身才华的机会。而苏洵参加的茂材异等科主要考议论性策论，对声律要求并不太高，这也是苏洵选择此科考试的原因之一。

苏洵这次因举制策入京，在长安见到了多年未见的石昌言。如前所述，石昌言对苏洵年轻时的游荡不学是很不满的。这次，他看了苏洵的几十篇文章，非常高兴，称赞苏洵大有长进。尽管石昌言对苏洵的文章"甚喜""称善"，但它们仍不符合考官的标准，以"不中"告终。

苏洵还认识了一些新朋友，其中特别值得一提的是颜太初。太初字醇之，徐州彭城人，因居所在凫、绎两山之间，号凫绎处士；进士及第，先后任莒县县尉、阆中主簿、临晋主簿等职。他博学有才，慷慨好义，其诗文多讥刺时事。苏轼的《凫绎先生诗集叙》是一篇重要的文论，详细记载了苏洵对颜太初的看法：

　　昔吾先君适京师，与卿士大夫游，归以语轼曰："自今以往，文章其日工，而道将散矣。士慕远而忽近，贵华而贱实，吾已见其兆矣。"以鲁人凫绎先生之诗文十余篇示轼曰："小子识之。后数十年，天下无复为斯文者也。"先生之诗文，皆有为而作，精悍确苦，言必中当世之过。凿凿乎如五谷必可以疗饥，断断乎如药石必可以伐病。其游谈以为高，枝词以为观美者，先生无一言焉。

这段话讲述了苏洵去京城时，与士大夫交流后，对苏轼说，现在的文章越来越讲究技巧，而道德却在逐渐散失。人们追求远方而忽视眼前，看重华丽而轻视真实，他已经看到这种风气的苗头了。他教苏轼读凫绎先生的诗文，并告诉他，数十年后，天下可能再也没有这样的文辞了。凫绎先生的诗文有实际目的，言辞精练准确，切中时弊。他的文章就像五谷可以充饥，像药石可以治病，而像那种空谈、自夸、追求形式美的文章，他一篇也没有。

放弃科举，笔墨随心

落榜后，苏洵自觉对不起"江东父老"，所以没有急着回家。正巧赶上哥哥苏涣从阆中卸任回京，兄弟二人上一次见面还是母亲去世时，此次重逢，自然欣喜万分。苏洵忍不住对哥哥控诉自己对科举的失望，而苏涣除了安慰弟弟，临行时还叮嘱苏洵："人稀野店休安枕，路入灵关稳跨驴。"寥寥数语，手足关爱之情尽在其中。

心中记着二哥对自己的挂念，苏洵并没有直接回家，而是南下前往庐山，开始了他的又一次南游，而史经臣则前往临江看他的弟弟史沆。

苏洵在《忆山送人》诗中，写了这次庐山之游：

投身入庐岳，首挹瀑布源。

飞下二千尺，强烈不可干。

余润散为雨，遍作山中寒。

次入二林寺，遂获高僧言。

问以绝胜境，导我同跻攀。

逾月不倦厌，岩谷行欲殚。

　　苏洵在庐山，首先观看了著名的庐山瀑布，"飞流直下三千尺"，瀑布飞溅如雨，寒气袭人，果然名不虚传。接着游览了庐山的东林寺和西林寺。圆通禅院的两位高僧——讷禅师和景福顺长老都是四川人，远在异乡见到家乡人，激动之情溢于言表。他们主动为苏洵做导游，陪同苏洵游览庐山诸名胜，经过一个多月，几乎走遍了庐山的悬岩绝谷。

　　苏洵在游览庐山后，又南游虔州（今江西赣州）："下山复南迈，不知已南度。"苏洵在虔州的天竺寺观赏了唐代著名诗人白居易亲笔书写的诗：

一山门作两山门，两寺元从一寺分。

东涧水流西涧水，南山云起北山云。

前台花发后台见，上界钟清下界闻。

遥想高僧行道处，天香桂子落纷纷。

这是白居易为苏州太守时，寄给虔州天竺寺住持韬光禅师的诗。苏轼《书乐天诗》文中记有整首诗，并写道：

> 唐韬光禅师自钱塘天竺来住此山，乐天守苏日，以此诗寄之。庆历中，先君游此山，犹见乐天真迹。后四十七年，轼南迁过虔，复经此寺，徒见石刻而已。

苏洵在虔州还结识了钟子翼兄弟。钟子翼是江南一秀，欧阳修、曾巩都知道他。苏洵到了虔州，钟氏兄弟陪他游览了马祖岩、天竺寺等地。钟氏兄弟对苏洵很有惺惺相惜之感，对他很是尊敬。据苏轼《钟子翼哀词》载，苏洵不喝酒，钟氏兄弟却像汉初的楚元王敬重穆生一样，每次都要为苏洵设酒。

八月，苏洵正计划继续南下游历五岭时，得知父亲苏序去世，匆匆返川。《忆山送人》继续写道：

> 五岭望可见，欲往苦不难。
> 便拟去登玩，因得窥群蛮。
> 此意竟不偿，归抱愁煎煎。
> 到家不再出，一顿俄十年。

苏洵在返川途中，经过临江（今江西清江）时又遇探望胞弟的史经臣。当时，史经臣得知弟弟因为被卷入冤案而被捕入狱。

《祭史彦辅文》中提到了当时的情况：

> 子时亦来，止于临江，系马解鞍。
>
> 爱弟子凝，仓卒就狱，举家惊喧。
>
> 及秋八月，予将北归，亦既具船。
>
> 有书晨至，开视惊叫，遂丁大艰。
>
> 故乡万里，泣血行役，敢其生还？

祸不单行，苏洵与史经臣简直是难兄难弟。但史经臣性格豪放，他劝苏洵不要太过自责，并陪苏洵返川，这让苏洵尤其感动：

> 中途逢子，握手相慰，曰无自残。
>
> 旅宿魂惊，中夜起行，长江大山。
>
> 前呼后应，告我无恐，相从入关。

当苏洵风尘仆仆赶回家中时，苏涣正好也从京城返回。根据宋朝丧葬的礼仪规矩，苏涣和苏洵需要守丧二十七个月，在守丧期间，凡先前有官职者都不能任职。与哥哥一起守丧的苏洵回忆起多年来父亲对他的包容与期望，想到父亲的循循善诱和关爱有加，而他屡次考取功名却接连落榜，未能让父亲安心，因而陷入颓废和悲伤之中。

处理好父亲身后事之后，苏洵开始反思自己，不再将考科举作为人生目标。他在《广士》一文中说：

> 人固有才智奇绝而不能为章句、名数、声律之学者，又有不幸而不为者。苟一之以进士、制策，是使奇才绝智有时而穷也。使吏胥之人，得出为长吏，是使一介之才无所逃也。

人各有所长，也各有所短，苏洵不长于声律记问之学，而考官又偏偏以声律记问之学量人，所以他很难中举。想通这些后，苏洵决心走一条更适合自己的道路。就像他在《上韩丞相书》中说的："及长，知取士之难，遂绝意于功名，而自托于学术。"既然求取功名非声律记问之学不可，那就干脆放弃功名。豁然开朗的苏洵找出自己十多年来珍藏的文章，又拿出火盆，将数百篇为科举应试而写的文章一把火烧掉，就连曾被石昌言赞美"格调高古，远超俗流"的文章也没有留下。

关于这段痛定思痛烧旧文的经历，苏洵在之后给欧阳修的《上欧阳内翰第一书》中是这样记录的：

洵少年不学，生二十五岁，始知读书，从士君子游。年既已晚，而又不遂刻意厉行，以古人自期。而视与己同列者，皆不胜己，则遂以为可矣。其后困亦甚，然后取古人之文而读之，始觉其出言用意，与己大异。时复内顾，自思其才，则又似夫不遂止于是而已者。由是尽烧曩时所为文数百篇，取《论语》《孟子》，韩子及其他圣人、贤人之文，而兀然端坐，终日以读之者七八年。

烧完文章后，苏洵对妻子程氏和二哥苏涣表示，他不想再参加科举考试了。虽然他并非出类拔萃，但也绝不是蠢笨之人，然而多年应试却一无所获，这表明科举之路并不适合他，即使坚持也难有前途。妻子程氏和二哥苏涣均表示支持。

苏洵决心不走科举之路以后，读书也就自由了，没有必要再为应付考试而读书，而是想读什么就读什么。这时再读《论语》《孟子》，韩愈及其他圣人、贤人之文，才觉得古人出言用意与自己的许多理解大不相同，上述引文之后接着说：

方其始也，入其中而惶然；博观于其外，而骇然以惊。及其久也，读之益精，而其胸中豁然以明。

过去为应付考试而慌慌忙忙读书，只读了个表面意思，如今静下心来反复咀嚼，才体会到书中所写的精髓，因此进入豁然开朗的境界。

从二十五岁"始读书"，二十七岁"发愤"，到三十七岁屡试不第，然后再次自我反思、痛烧旧文、放弃科举，苏洵的人生从此有了质的变化。

此后，苏洵闭门在家，每天读读书，顺便教导苏轼、苏辙，偶尔出门短途旅行，这期间与苏洵走动频繁的还是史经臣。史经臣和苏洵一起回来之后，生了一场大病："归来几何，子以病废，手足若挛。"苏洵经常去探望他，和他一起探讨读书的心得体会。苏轼在《答任师中家汉公》中写道：

> 先君昔未仕，杜门皇祐初。
>
> 道德无贫贱，风采照乡闾。
>
> 何尝疏小人，小人自阔疏。
>
> 出门无所诣，老史在郊墟。
>
> 门前万竿竹，堂上四库书。

诗中所说的"老史"就是指史经臣。

皇祐元年（1049 年），苏洵与隐士张俞同游。苏轼在《题张白云诗后》中说：

张俞少愚，西蜀隐君子也。与予先君游，居岷山下白云溪，自号白云居士。本有经世志，特以自重难合，故老死草野，非槁项黄馘盗名者也。

青城山终年林木葱郁，四季常青，诸峰耸立环绕，形如城郭，故而得名，乃著名道教名山、道教发源地之一，有"第五洞天"之称。青城山半山腰有清都观一座，对面的山谷叫白云溪，背后是轩辕峰，四周林岚掩映、碧嶂丹岩，早晚烟飞雾绕，环境十分清幽。张俞隐居的地方，就在这白云溪的密林深处。据说，苏洵当时与张俞一见如故，两人竟兴奋地聊了一整夜。

提起张俞，这个名字可能大家不太熟悉，但他所作的一首诗——《蚕妇》，我们应该都知道：

昨日入城市，归来泪满巾。

遍身罗绮者，不是养蚕人。

张俞与苏洵年龄相仿，性格也相投，而且都是心怀天下、喜欢游学之人，同样有屡试不第的经历，这让他们多了一些惺惺相惜之意。张俞曾在宝元年间以布衣身份上疏皇帝，针对宋与西夏之间的战争问题献策十条，建议联合契丹，让西夏和辽二者互相攻击，这样大宋就能坐收渔利。当时皇帝十分欣赏张俞的策略，曾六次下诏任命张俞做秘书省校书郎，但都被张俞拒绝了。他将朝廷赏赐的官职甩手给了父亲，而自己则跑去青城山游山论道了。

张俞这种不求功名的心态，与放弃科举后的苏洵不谋而合。这期间，苏洵正在写《权书》《几策》。两人一见如故，不仅共同探讨道家义理，也相互交换关于政治、军事等方面的意见。苏洵多次和张俞讨论起大宋与西夏多年的战事和对庆历新政失败的思考，关于二人所论具体内容今天虽已不得而知，但结合张俞之前上疏攻打西夏的策略，再加上后期苏洵所著作品中关于吏治、兵制、田制等一系列问题的分析，可以想象苏洵受到张俞很多启发。

除了与张俞论道，好读《易经》的苏洵还为二哥苏涣写过一篇《仲兄字文甫说》，劝其换字，辞藻华丽，洋洋洒洒：

且兄尝见夫水之与风乎？油然而行，渊然而留，渟洄汪洋，满而上浮者，是水也，而风实起之。蓬蓬然而发乎大空，不终日而行乎四方，荡乎其无形，飘乎其远来，既往而不知其迹之所存者，是风也，而水实形之。今夫风水之相遭乎大泽之陂也，纡余委蛇，蜿蜒沦涟，安而相推，怒而相凌，舒而如云，蹙而如鳞，疾而如驰，徐而如徊，揖让旋辟，相顾而不前，其繁如縠，其乱如雾，纷纭郁扰，百里若一。汩乎顺流，至乎沧海之滨，磅礴汹涌，号怒相轧，交横绸缪，放乎空虚，掉乎无垠，横流逆折，溃旋倾侧，宛转胶戾，回者如轮，萦者如带，直者如燧，奔者如焰，跳者如鹭，跃者如鲤，殊状异态，而风水之极观备矣！故曰："风行水上涣。"此亦天下之至文也。

然而此二物者，岂有求乎文哉？无意乎相求，不期而相遭，而文生焉。是其为文也，非水之文也，非风之文也。二物者非能为文，而不能不为文也。物之相使而文出于其间也，故曰："此天下之至文也。"

今夫玉非不温然美矣，而不得以为文；刻镂组绣，非不文矣，而不可与论乎自然。故夫天下之无营而文生之者，唯水与风而已。

昔者君子之处于世，不求有功，不得已而功成，则天下以为贤；不求有言，不得已而言出，则天下以为口实。呜呼！此不可与他人道之，唯吾兄可也。

苏洵的文章向来以古拙浑厚为特征，这篇文章却写得非常华丽。他为了阐明有感而发的文章才是好文章的说法，以风水相激自然成文作比喻。他先描写水："油然而行，渊然而留，渟洄汪洋，满而上浮。"接着描写风："蓬蓬然而发乎大空，不终日而行乎四方，荡乎其无形，飘乎其远来，既往而不知其迹之所存。"然后描写在陂泽和沧海之中风水相激的不同状态。在陂泽是"纡余委蛇，蜿蜒沦涟""纷纭郁扰，百里若一"，这时风水相激而形成的波纹并不算大。顺流急下，到了沧海，则"磅礴汹涌"，吼声震天，水流相互排挤，交横纠缠，茫茫无际，这是大海的怒涛。为了形容风水相激的状态，苏洵用了形象的拟人手法，如"安而相推，怒而相凌""揖让旋辟，相顾而不前"，赋予波纹以人的感情和动作。还一口气用了十多个明喻，说波纹舒展如云彩，迫蹙如鱼鳞，迅疾如驰马，缓慢如游丝，繁如绉纱，乱如浓雾，回转如车轮，萦绕如缠带，直如烽燧，奔如火焰，跳如鹭，跃如鲤。

苏洵说哥哥苏涣的名和字均来自《易经》中第五十九卦《涣》卦："涣其群，元吉。"苏涣觉得"元吉"之意很吉利，没什么不好。苏洵却解释说"涣"卦的本质是涣散，与聚合意思相反，先"涣"后"聚"，两者是相反相成的。而群者，是指圣人在治理百姓的时候分散而治，方便统一管理。

苏涣原来的字是公群，按苏洵的解释，意思就是将圣人想解散涤荡的事情归为己任，这样不合适。苏洵又依《易经》五行风水之说，建议苏涣改字文甫。"文"是风水相激的浩瀚图景，"甫"有"父""大""美男子"之意，取风与水之间无意相求，却能形成纹路（水波），这纹路非因风或水而成，而是由自然而成的，就像君子的为人处世之道一样，不求有功，但求成为世人所认同的楷模。

苏洵明里叙述风与水的形状，借风水意象说服兄长易字，实际上所表达的是，要像"风水相激，自然成文"那样，才能言之有物，使文章有自然之美。苏洵对《易经》的热爱一直延续到晚年，而"文贵自然"的写作观点，也成为他终其一生都在坚持的原则。他逐渐开始明白如何做到道法自然、笔墨随心，最终在笔法上形成自己的风格，对政治策论也有了自己独特的见解和主张，并结晶成《几策》《权书》《衡论》《洪范论》等传世经典。

二

儿女命不同

　　在苏洵埋头苦读，忙于赴京赶考却屡次落榜的那些年，程氏操持家业，把苏家的生活经营得风生水起。古人常言"五子登科"，认为孩子越多越好。程氏和苏洵育有三男三女，共六个孩子。然而，长子、长女和次女都不幸夭折，幼女八娘早逝，存活下来的只有二儿子苏轼和三儿子苏辙。

　　与期望子女出人头地的普通父母不同，苏洵和程氏在子女教育方面有着超越时代的智慧。苏洵循循善诱，用启发式教育取代了督促和监管式的苦读教育；程氏以身作则，用自己的言行影响着两个儿子。正是这样两位开明的家长，在教育孩子时如大禹治水一般，以引导替代约束，才使得苏轼、苏辙兄弟十分热爱读书。日后，他们和苏洵一同位列"唐宋八大家"，对中国文坛产生了深远的影响。

潜心读书，教养二子

著名史学家王曾瑜先生曾统计，宋朝"自宋太祖始，各代皇帝共有子女 181 人，不算宋度宗死于战祸的二子，夭亡者计 82 人，占皇帝子女总数 45% 以上"①。即使是能享受到顶尖医疗的皇子，婴儿夭折率也高居不下，育婴条件欠佳的普通家庭情况只会更糟。

在这样的背景下，苏洵接二连三地遭遇丧子之痛。

苏洵与程氏一共生育过六个子女，长女出生于天圣六年（1028 年），连名字都没来得及取好，就夭折了。

苏洵二十四岁时，第二个女儿出生。遗憾的是，二女儿还未成年便离世了。

---

① 王曾瑜：《宋代人口浅谈》，载《天津社会科学》1984 年第 6 期。

苏洵二十六岁那年，程氏生下了长子景先。然而，景先年仅四岁而亡。

幸运的是接下来两个儿子都好好存活下来。次子取名苏轼，后字子瞻。三子取名苏辙，后字子由。

苏洵在《名二子说》里有为二子取名的解释，关于"轼"，他写道：

> 轮辐盖轸，皆有职乎车，而轼独若无所为者。虽然，去轼，则吾未见其为完车也。轼乎，吾惧汝之不外饰也。

所谓"轼"，就是车子前面充当扶手作用的横木，一辆车必须有车轮、车辐、车盖等零件，才能正常行走，但车轼却不是车子必需的。虽然没有车轼的车子不完整，但却不影响正常行走。反而有车轼，会让车显得过于张扬。苏洵说"吾惧汝之不外饰也"，便是说如果儿子不懂外饰，是不好的。

两个儿子先后出生，令苏洵喜出望外，一扫先前丧子失女的悲恸。不过，当时的苏洵还未预见到这两个儿子在历史中的分量，而是沉浸在迎接新生命的喜悦之中。

两兄弟先后到了束发成童的年龄，苏洵便安排他们读书。庆历三年，苏轼被苏洵送到道士张易简开的私塾念书。学校设在张道士住持的天庆观北极院，人气很旺，多的时候有百十个学生。苏轼入学第二年，苏辙也进入天庆观读书。

兄弟二人读书期间，发生过不少趣事。苏辙虽然跟哥哥一起上学，但因为年岁没有苏轼大，所以学习上总是落后一步。苏辙开始作诗时，苏轼已经开始作赋了。有一天晚上，苏轼被老鼠闹得没有睡好觉，第二天头昏脑涨，便提笔戏作《黠鼠赋》，他写道：

苏子夜坐，有鼠方啮，拊床而止之，既止复作。

苏辙看罢称赞，苏轼得意扬扬地道："好的在后头。"他继续写道：

使童子烛之，有橐中空，嘐嘐聱聱，声在橐中，曰："嘻！此鼠之见闭而不得去者也。"发而视之，寂无所有，举烛而索，中有死鼠。童子惊曰："是方啮也，而遽死耶？向为何声？岂其鬼耶？"

年幼的苏辙没太看明白，便问哥哥："兄长是遇到鬼了吗？"苏轼说："不是鬼，是老鼠狡黠装死，童子把它放在地上，它马上溜之大吉。"苏辙听到苏轼解说以后，觉得好玩，与兄笑作一团。

另一日，大雨。苏轼、苏辙和同学程建用、杨尧咨在学舍休息无事，苏轼提议玩连句。大家都同意，程建用张嘴就来第一句："庭松偃仰如醉。"杨尧咨续了一句："夏雨凄凉似秋。"苏轼说："有客高吟拥鼻。"苏辙小他们好几岁，吟诗作对都没有他们快，情急之下便说道："无人共吃馒头。"大家哈哈大笑，问他什么意思，他说："我兄长说客人正忙着仰头朗诵，不就没有人吃馒头了吗？"大家听罢又一通哈哈大笑。

读书之余，两兄弟还学会了放牛、牧羊和种松。苏轼在《书晁说之〈考牧图〉后》一诗中回忆道：

> 我昔在田间，但知羊与牛。
> 川平牛背稳，如驾百斛舟。
> 舟行无人岸自移，我卧读书牛不知。
> 前有百尾羊，听我鞭声如鼓鼙。
> 我鞭不忘发，视其后者而鞭之。

在《戏作种松》一诗中，苏轼说："我昔少年日，种松满东冈。"此外，他有两首赠杜舆的诗，题为《予少年颇知种松，手植数万株，皆中梁柱矣。都梁山中见杜舆秀才，求学其法，戏赠二首》，夸耀自己的种植天赋。

苏洵在回家守父丧后闭门不出的这十年间，每日除了自己读书，还负责教两个儿子读书。当时，苏家有田业百亩，无衣食之忧。苏洵有藏书数千卷，可任其选读。他一边潜心读书，一边辅导孩子，身教言传，既充实了自己，又有益于孩子。

苏洵将自己的书斋"南轩"改名为"来风轩"，作为两个孩子的课堂。他有时喜欢倚在睡榻上，微闭双眼，听孩子们的读书声。这清脆悦耳的声音，既可疗愈他受伤的心，又让他聆听到希望之音。正所谓"雏凤清于老凤声"，苏洵从中获得了极大的满足感。

苏轼在《和陶郭主簿·其一》诗中，还专门感念过儿时诵书的情形：

孺子卷书坐，诵诗如鼓琴，

却去四十年，玉颜如汝今。

闭户未尝出，出为邻里钦。

家世事酌古，百史手自斟。

当年二老人，喜我作此音。

一天，苏洵同两个孩子一起读富弼写的《使北语录》，其中有一段富弼劝说辽国君主息兵的经典分析，即用兵是"国家受其害"而"人臣享其利"，辽主听后，觉得很有道理，因此息兵停战。读到这里，苏洵想考考孩子们，便问道："古人也有如此看法的吗？"苏轼回答："严安亦有此意，但不如此明白。"严安是汉武帝时的文学侍从，曾力劝汉武帝用兵。这说明苏洵很注意培养孩子们读书的迁移能力和举一反三的能力。

苏洵还经常变着花样地监督孩子们读书。有一次，他让兄弟俩读《春秋》，并且限定了完成时间。苏轼兄弟俩眼看时间就要到了，才读到桓公、庄公的内容，担心父亲检查，心里紧张，晚上睡觉都睡不好。苏轼后来对儿时这种心情还记忆犹新，在《夜梦》诗中回忆说：

> 夜梦嬉游童子如，父师检责惊走书。
>
> 计功当毕春秋余，今乃粗及桓庄初。
>
> 怛然悸寤心不舒，起坐有如挂钩鱼。

当时，二哥苏涣也在家中守孝。苏洵便请苏涣担任两个儿子的老师。苏涣倾心教授学习方法，还告诫两个侄子：我当年读书的时候独自一人时也从不懒散。正是在伯父的教导下，苏轼兄弟习得了"慎独"的品德，学会了时时自省。

苏洵对两个儿子的教育也延续父亲苏序对自己的态度，讲究因材施教，教他们"见天地，见众生，见自己"。苏辙在《武昌九曲亭记》中写道：

昔余少年，从子瞻游，有山可登，有水可浮，子瞻
未始不褰裳先之。有不得至，为之怅然移日。至其翻然
独往，逍遥泉石之上，撷林卉，拾涧实，酌水而饮之，
见者以为仙也。

两兄弟很小的时候，苏洵就让他们接触外面的世界，只有
见识过天地之大，才能做到心有乾坤，才能写得出"寄蜉蝣于
天地，渺沧海之一粟"。

苏洵还喜欢带两个儿子一起会客访友。当然，苏洵不是
"炫娃狂魔"，他访的全都是贤达之辈，是为了让兄弟俩学业
精进。听闻家乡眉山有一位叫刘微之的名士，他就想尽办法
将孩子们送到他那里学习；听说翰林学士张方平求贤若渴，
他就千里迢迢赶到成都，为孩子们引荐；就连当时的文坛大
佬欧阳修，也是他们一步步通过朋友间的互相交流，才得以
相识的。

苏洵还亲自给两个儿子编了教材，并教育他们："读是，内
以治身，外以治人，足矣。"意思是说，无论是修身齐家，还是
治国平天下，读完这些都绰绰有余了。他不照科举制度教兄弟
俩读书，而是以孟子、韩愈、欧阳修的文章为范文，让他们学
写古文。多年后，苏轼兄弟参加科举。那一年，科举试题由重

诗赋改为重策论，主考官正是欧阳修。苏轼兄弟长期诵读和模仿欧阳修的文章，对他的风格烂熟于心。如果说没考上科举是苏洵最大的遗憾，那么恰巧是这份遗憾为苏轼兄弟的精彩人生埋下了幸运的伏笔。

程氏言传身教

早些年，苏洵忙于考科举，宦学四方，导致居家和教育孩子的时间比较少。他不在家时，程氏就自行担负起两个孩子的教育职责。

苏洵教导孩子读书，着重于指导读什么书，以及如何读书，使孩子们自幼就"立下当世之志"，通晓古今成败的缘由，长大后成为国家的栋梁之材。程氏则侧重于教导孩子如何做人、成为怎样的人，让他们从小就拥有善良仁慈的心灵，具备鲜明的道德意识、正确的人生观和价值观。苏洵夫妇分工明确且相辅相成，为两个孩子——尤其是苏轼——日后成为文学大师奠定了坚实的基础。

当时，苏洵一家已经搬到眉山街上的一处大宅院住，院子占地五亩，院内有数十间房屋，还有花园和池塘。当时，这座大宅院是程氏租来做生意的，苏轼和苏辙都在这里出生。程氏的大儿子景先四岁时不幸夭折，幼女只比苏轼大一岁多，而苏辙比苏轼小三岁。他们常常在花园中玩得不亦乐乎，姐弟三人的童年十分热闹。

三个孩子经常在家中的院子里捉鸟挖虫。一日，三个孩子发现树杈上有个鸟窝，里面有几只嗷嗷待哺的小鸟，特别可爱。他们感觉很稀奇，十分兴奋地想去抓下小鸟来逗弄，程氏见状急忙制止，并劝告孩子们：小鸟也是生命，要爱护它们。虽然孩子们并不很理解，但却谨遵程氏的教诲，不再逗弄小鸟。

苏轼的《记先夫人不残鸟雀》一文印证了程氏对孩子们的教育：

少时所居书堂前，有竹柏杂花丛生满庭，众鸟巢其上。武阳君恶杀生，儿童婢仆，皆不得捕取鸟雀。数年间，皆巢于低枝，其鷇可俯而窥。又有桐花凤，四五日翔集其间。此鸟羽毛至为珍异难见，而能驯扰，殊不畏人。闾里间见之，以为异事。此无他，不忮之诚信于异类也。有野老言，鸟雀巢去人太远，则其子有蛇鼠狐狸鸱鸢之忧，人既不杀，则自近人者，欲免此患也。由是观之，异时鸟雀巢不敢近人者，以人为甚于蛇鼠之类也。苛政猛于虎，信哉！

苏轼少年时，书房前面环境优美："竹柏杂花丛生满庭，众鸟巢其上。"青竹、松柏、繁花，满庭满院，景色宜人，群鸟筑巢在树枝上，形成青葱翠绿、鸟语花香之环境，这都是因为母亲程氏憎厌杀生行为。"儿童婢仆，皆不得捕取鸟雀"，几年时间下来，百鸟"皆巢于低枝，其鷇可俯而窥"，鸟窝低得连待哺的雏鸟都能被人弯腰看见。众鸟在此生儿育女，无忧无虑，苏轼家的院子成百鸟天堂了。人与鸟和平共处，各得其乐，引得珍禽桐花凤也数以百计地"慕名"前来，攀枝栖杈，乐陶其间。唐代名臣李德裕《画桐花凤扇赋序》云：

> 成都夹岷江，矶岸多植紫桐。每至暮春，有灵禽五色，小于玄鸟，来集桐花，以饮朝露。及华落则烟飞雨散，不知所往。

这桐花凤是鸟中奇才，"至为珍异难见"，能够归依于苏家庭院，靠的是苏氏一家不伤害生灵的善心。

受到母亲的影响，苏轼也对小动物充满爱心。他在《记钱塘杀鹅》中记述杭州人喜欢杀鹅，他从西湖上回来，"过屠者门，闻群鹅皆号，声振衢路，若有诉者"，心中"凄然"，想要赎买下来，但终因无处安置它们而放弃，可这种叫声却萦绕在他心中多年，可见对他触动至深。

程夫人教育子女时坚持培养他们善良、正直的高尚品德。苏轼曾提道，母亲程氏在读《后汉书》中的《范滂传》时，对范滂及其母亲的行为和高尚的人格十分钦佩。年幼的他询问母亲程氏，是否允许自己长大之后效仿范滂，做个高风亮节、正直高尚的人。程氏听了，对儿子说："'立乎大志'，才能不辱苏门，也不悔于国家。"她告诉苏轼，你能效仿范滂是很好的，如果你能做到像他那样，我也能做到范滂的母亲那样高尚，支持自己的儿子。能有你这样心怀大志的儿子，我感到很欣慰。

除了在儿女启蒙时期教他们读书习字，与他们探讨书中的故事与思想，程氏还深知"富而多金，未必是福"的道理，在生活中乐善好施，对亲戚朋友十分照拂，经常救济一些有需要的亲朋好友。正因程氏的以身作则，这种乐善好施与疏达处事之道才深深地根植在苏轼、苏辙兄弟二人心中。

前文提到，当年程氏租房子作为纱縠行的时候，有一天，两个婢女在晒布时，突然脚陷进地里去了。爬上来一看，地面陷进去几尺深，里面埋了个大瓮，上面盖着乌木板。这也许是前人埋的宝藏，但程氏却并没有让人挖出来，反而急忙命人用土将这个洞掩埋好。后来，程氏的一个侄子听说这事，就惦记着挖出宝藏。等苏家搬走后，他连忙把这里的房子租了下来，可挖了半天，却什么也没挖到。后来苏轼到岐下（今陕西岐山南部）任职，住所有一棵古柳。下雪后，柳下有块一尺见方的地方没有积雪。天晴后，那块地上鼓起数寸。他怀疑这是古人埋葬丹药的地方，想挖开看看。妻子王弗却说："如果婆婆还活着，肯定不会挖掘的。"苏轼闻言深感惭愧，遂打消了这个念头。

正是受苏家良好家风的传承和程氏家教的影响，苏家兄弟二人在未来的仕途上，始终保持着一种淡定自若、清正廉洁、关爱百姓的高洁品性。可以说，苏家二子为官时泽被百姓，为人时好善乐施，都与程氏言传身教的熏陶密不可分。

苏八娘含恨玉殒

与千古留名的两个儿子相比，苏洵的女儿们更加命运凄然。苏洵一共有过三个女儿，唯一长大的只有苏八娘。苏八娘幼时也得程氏和苏洵的教导，出落得聪颖文秀。

提起苏八娘，很多人觉得陌生，反而是很多文学作品中常常见到的"苏小妹"的形象，更为人所熟知。元杂剧《东坡梦》和清传奇《眉山秀》都曾提及苏小妹。最为人所知的，当数明代冯梦龙《醒世恒言》中"苏小妹三难新郎"的故事，讲述的是她与北宋词人秦观的婚姻趣事，展现了她智斗哥哥苏轼、出题刁难新郎秦观等充满欢乐的生活场景。

故事中说苏轼尤其喜欢与苏小妹互怼打油诗取乐。据说，苏小妹额头有些高，眼窝比较深。一天，苏轼拿苏小妹的长相开起了玩笑。他是这样形容妹妹的凸额凹眼的：

> 未出庭前三五步，额头先到画堂前。
>
> 几回拭脸深难到，留却汪汪两道泉。

意思是：你人刚走出庭前几步，额头就已先到画堂了，你的额头得有多凸啊；还有你用手帕擦眼泪擦了好几次，都还够不到眼眶呢，连眼泪都没擦下来，你说你眼睛凹得有多厉害啊。

苏小妹反唇相讥道：

> 一丛衰草出唇间，须发连鬓耳杳然。
>
> 口角几回无觅处，忽闻毛里有声传。

意思是：你那络腮胡须久不打理，看起来就像一蓬衰草，盖住了嘴巴和耳朵，看不见嘴巴动，只能听见声音传出来，你说你得有多邋遢啊。苏小妹回味一番，然后细一端详，发现苏轼额头太过扁平，毫无立体感，还长着一张长脸，两只眼睛离得又宽，五官搭配实在是不协调，因而喜上眉梢地追补一诗：

> 天平地阔路三千，遥望双眉云汉间。
>
> 去年一滴相思泪，至今流不到腮边。

意思是：你的额头像天空一样广阔，像大地一样辽远，远远望去，那双眉毛似乎在云汉之间。去年流的那滴相思泪，到现在都还没有流到腮边。这首夸张的打油诗，气势磅礴又不失幽默风趣，比苏东坡那首更胜一筹。

然而，这些风雅传闻只是文学创作，多是作者借苏轼的姐姐苏八娘的身份创作而成的。不过，真实的苏八娘才学机智也不输于杜撰出来的"苏小妹"。

苏八娘的名字源于大家庭中同辈子女的排行。在古代的大家庭中，子女们通常是同辈一起排序的。尽管苏洵一共只有六个子女，但加上他兄长苏澹和苏涣家中的孩子，苏洵的女儿排在第八，因此得名"苏八娘"。

苏八娘自小聪明伶俐，温婉可人，不但略通文墨，且属文写诗也是信手拈来，脾气秉性更与苏洵相似，有仗义慷慨之处。苏洵在《自尤（并叙）》中说过，"女幼而好学，慷慨有过人之节，为文亦往往有可喜"，可见苏洵对这个女儿的看重。

即使是这样优秀的苏八娘，也难逃时代和婚嫁陋习的厄运。当时眉山的婚嫁有"嫁重母族"的传统，也就是说，嫁女儿最好从母亲一方的族人中选择。苏洵在《自尤（并叙）》中提到过：

家贫不敢嫁豪贵，恐彼非偶难为亲。

汝母之兄汝叔舅，求以厥子来结姻。

乡人皆嫁重母族，虽我不肯将安云？

生年十六亦已嫁，日负忧责无欢欣。

苏八娘很小的时候就和母舅家的表哥程正辅定下了亲事。长大后，程家也多次上门求姻缘。程家在眉山当地经商，很有些家底，家庭条件比苏家好，本着亲上加亲的想法，苏洵应下了这门婚事。

苏八娘于皇祐二年（1050 年）嫁入程家，却不承想，这一去便如羊入狼窝。

程家人生活骄奢，家风不清明。苏家注重礼教，苏八娘从小被教导做人要孝顺仁爱，诚信刚直，可程家人不分长幼、放纵无礼，每日沉湎于花天酒地之中，极尽骄奢淫逸之风，使整个程家好似一片礼仪的荒漠之地。正直善良的苏八娘在这里无法扎根，只能在艰难中求生存。她的好言相劝，换来的是公婆严厉的斥责。

时间一长，程家人越发不待见她，对苏八娘轻则冷言冷语，重则拳脚相加，全然不顾礼仪规范。凄惨的婚后生活让苏八娘只能强颜欢笑，出于不想让父母担忧的心理，她对苏家人只报喜不报忧。但时间久了，身上的伤痕、脸上的愁容，总会让父母看出来的。苏洵虽然心疼女儿，却也只能劝说"为妇何不善一身"，让她只管做好自己该做的，别管他人如何，却无法帮助八娘脱离这段不幸的婚姻。

嫁入程家一年后，八娘生下一个男孩，可惜孩子的出生并没有改变八娘在程家的境况，丈夫程正辅则以孩子哭闹恼人为借口，继续出去花天酒地，对苏八娘不管不问。公公程浚唆使家中的女人骚扰八娘，索取八娘的衣裙穿进穿出。既要看顾孩子，又受到婆家虐待的苏八娘心力交瘁，不久就病倒了。

程家认为苏八娘的病重是妖魔作怪，不肯为八娘诊治，却请了巫婆跳神去怪。忍无可忍的苏洵决定接八娘回家照顾。有了娘家的悉心照料，苏八娘的身体逐渐好转，人也越发精神起来。就在这个时候，程家人却登门兴师问罪，埋怨苏家人接回八娘不合规矩，指责八娘不顾孝道，不是个好媳妇。程家人一通闹之后，还抢走了八娘的孩子，这让本就身体虚弱、心力交瘁的苏八娘大受打击，对孩子的牵挂和对夫家的惧怕加速了病情的恶化，她很快就香消玉殒了。皇祐四年（1052 年），苏八娘含恨而死，年仅十八岁。

爱女的冤死让苏洵心如刀割，愤怒的苏洵将苏八娘安葬后，在祖坟的西南边立了一个亭子，将《苏氏族谱亭记》代替祭文刻在碑前，控诉程家的无耻，并召集族人于亭前痛斥程浚一家六大薄情，为八娘讨公道：

　　夫某人者，是乡之望人也，而大乱吾俗焉。是故其
诱人也速，其为害也深。自斯人之逐其兄之遗孤子而不
恤也，而骨肉之恩薄；自斯人之多取其先人之赀田而欺
其诸孤子也，而孝弟之行缺；自斯人之为其诸孤子之所
讼也，而礼义之节废；自斯人之以妾加其妻也，而嫡
庶之别混；自斯人之笃于声色，而父子杂处、喧哗不严
也，而闺门之政乱；自斯人之渎财无厌，惟富者之为贤
也，而廉耻之路塞。此六行者，吾往时所谓大惭而不容
者也。今无知之人皆曰："某人何人也，犹且为之。"其
舆马赫奕、婢妾靓丽，足以荡惑里巷之小人；其官爵货
力，足以摇动府县；其矫诈修饰言语，足以欺罔君子。
是州里之大盗也。吾不敢以告乡人，而私以戒族人焉。
仿佛于斯人之一节者，愿无过吾门也。

　　苏洵控诉程家人在乡里也算有头有脸的人物，却干尽伤风
败俗的事情，祸乱乡风。一是不顾亲情，将兄弟遗孤赶出家门；
二是没有人性地巧取豪夺先人遗孤的家产；三是不知羞耻地与
遗孤对簿公堂；四是这家人宠妾灭妻；五是父子沉迷于声色犬
马；六是大肆敛财，为富不仁。这样的人在州里就像大盗一样
可恶。今天虽然没有办法将所有话讲给乡亲们听，但是要告诫
苏氏一族的人，以后如果族中有像程家父子这样的人，就不要

再迈进苏家大门了。

　　苏洵对苏八娘的死耿耿于怀，八年后，苏洵想起自己将八娘嫁到程家的事仍然追悔莫及，并作《自尤（并叙）》，详细叙述此事，愤懑之情溢于言表：

　　　　狂言发病若有怪，里有老妪能降神。

　　　　呼来问讯岂得已，汝舅责我学不纯。

　　　　急难造次不可动，坚坐有类天王尊。

　　　　导其女妻使为孽，就病索汝襦与裙。

　　　　衣之出看又汝告，谬为与汝增殷勤。

　　　　多多扰乱莫胜记，咎汝不肯同其尘。

　　　　经旬乳药渐有喜，移病余舍未绝根。

　　　　喉中喘息气才属，日使勉强飧肥珍。

　　　　舅姑不许再生活，巧计窃发何不仁。

　　　　婴儿盈尺未能语，忽然夺取词纷纷。

　　　　传言姑怒不归觐，急抱疾走何暇询。

　　　　病中忧恐莫能测，起坐无语涕满巾。

　　　　须臾病作状如故，三日不救谁缘因。

　　　　……

　　　　天高鬼神不可信，后世有耳尤或闻。

　　　　只今闻者已不服，恨我无勇不复冤。

惟余故人不责汝，问我此事久叹呻。

惨然谓我子无恨，此罪在子何尤人？

虎咆牛触不足怪，当自为计免见吞。

深居高堂闭重键，牛虎岂能逾墙垣？

登山入泽不自爱，安可侥幸遭麒麟？

明珠美玉本无价，弃置沟上多缁磷。

置之失地自当尔，既尔何咎荆与榛？

嗟哉此事余有罪，当使天下重结婚！

　　这首诗既是苏洵的自责，也是对程家人无耻行径的痛恨，控诉程家不配有八娘这样如"明珠美玉"一般的媳妇。然而，斯人已逝，留给苏洵的只剩下对女儿的怀念，怀念那个曾经在院子里与苏轼、苏辙兄弟二人一起捉鸟读书、欢乐玩耍的伶俐可爱的女儿。

苏轼王弗"唤鱼联姻"

苏八娘去世两年后，苏轼也到了成家的年纪。苏洵夫妇二人将苏轼娶妻的事提上日程。此时，苏家的生意在程氏的悉心打理下颇有盈余，苏涣在朝中为官，苏洵也在当地颇有名气，算得上书香门第、家境殷实，所以乡中有很多人家愿意与苏家结亲。且苏轼本人的才华也远近闻名，不少女子暗许芳心，苏轼的老师王方的女儿——王弗就是其中之一。

王弗的父亲王方早年考取了进士，后在眉山当地的书院做先生，为人颇有才华，与苏洵是情投意合的好友。苏轼稍大一些后，苏洵还将他送到王方的书院学习，少年时代的苏轼已经展露出过人的才华，令老师王方十分欣赏。

王弗比苏轼小三岁，虽然年纪不大，但在父亲的影响和家风的熏陶下，为人聪明好学，沉静文雅，待人接物落落大方，知书达礼。因为苏轼在父亲门下求学，王弗近水楼台先得月，经常与苏轼相遇。一来二去，苏轼和王弗都觉得与对方心有灵犀。

某日，苏轼心血来潮，对老师王方建议说，书院之中那一方池水应该有个好听的名字，所谓"美景当有美名"。王方不仅痛快地采纳了苏轼的建议，还邀请了很多文人学士到这方绿潭前竞投提名。可惜众人能想到的名字要么不贴切，要么太俗气，都不太让人满意。后来，苏轼神采奕奕地展开他取的名字"唤鱼池"，大家都连连叫好。正热闹之时，王弗也让丫鬟送来了她的题名，居然也是"唤鱼池"。这让在场众人啧啧称奇，不禁感叹"不谋而合，韵成双璧"。

父母之命媒妁之言，因为这个巧合，王方对苏轼青眼有加，他与苏洵一拍即合，将王弗许配给苏轼。至和元年（1054年），苏轼与王弗喜结连理，时年苏轼十九岁，王弗十六岁。"唤鱼联姻"的故事遂成千古佳话。

对于和王家这门亲事，年轻的苏轼刚开始并不愿意，因为他不喜欢这些世俗的事情，而是对道教特别钟情。在《与刘宜翁使君书》里，苏轼曾这样说：

轼龆龀好道，本不欲婚宦，为父兄所强，一落世网，不能自逭。然未尝一念忘此心也。

这段话大概是说，我小时候就喜欢道教，原本并不准备结婚、做官，但迫于父亲和兄长的期望，无法逃避世俗，但我从来没有忘记初心。

尽管如此，苏轼与王弗成婚后也十分幸福美满。王弗为人"敏而静"，十分聪明且低调，而且善于察言观色、见微知著。在婚后的生活中，每当丈夫苏轼读书做文章时，王弗就一边红袖添香，伺候在侧，一边积极地背诵苏轼诵读的诗词文。偶尔苏轼忘记一些词句时，王弗甚至能在旁提点，一字不差地背下来。这让苏轼自愧不如，同时也为妻子的聪慧好学而感动。用现在的话来说，苏轼觉得王弗既有"漂亮的皮囊"，又有"有趣的灵魂"。对于这个跟自己同频的人，苏轼不禁生出更多的喜爱之情。

在人际交往中，王弗也是苏轼的贤内助，经常帮苏轼留意把关。苏轼性格豪放，喜欢结交朋友，且因生性善良，觉得"眼前见天下无一个不好人"。苏轼也知道自己的问题，曾经说：

> 余性不慎语言，与人无亲疏，辄输写腑脏，有所不尽，如茹物不下，必吐出乃已。而人或记疏以为怨咎，以此尤不可与深中而多数者处。

王弗则不然，她为人精明谨慎，与人交往讲究"听其言，观其行"。当苏轼与来访的客人谈话之时，王弗总是躲在屏风的后面屏息静听，等客人走后再给丈夫一些提醒。

曾经有段时间，章惇与苏轼聊得很投机，苏轼自以为和章惇十分要好。但王弗提醒苏轼：章惇说话首鼠两端、毫无主见，不管你说什么，他都只是迎合、奉承。这样的人，必是那种阴险奸恶之人，应该远离他。果不其然，在日后的党派之争中，章惇不断迫害苏轼。

苏轼考取功名后，携王弗赴陕西凤翔上任。当了三年通判后，知府换人了，身材矮小的乡人陈希亮被调任凤翔任知府。陈希亮与苏轼性格相反，平常不苟言笑，做事认真严谨。这一对上司与下属互相看不对眼，难免生出嫌隙。

陈希亮认为苏轼自恃声名在外，为人太过高调，就经常想"磨炼磨炼"他。苏轼的工作内容是帮助知府处理一些来往的文案、书信之类的事务，但通判也有督促知府的工作职责。如此，陈希亮对于苏轼的工作多番刁难，经常批评他工作没做好。苏轼自然很生气，不仅与陈希亮有过多次争执，还私自离岗，又被陈希亮借机批评，这让苏轼很是火大。其实，陈希亮和苏家也算故交，他将苏轼看作晚辈，觉得苏轼太过于张扬，迟早会惹祸，因此想要点拨他，让他踏实些。

苏轼回到家里闷闷不乐，王弗得知其故，乘苏轼政务之暇便陪他去凤翔东门外的饮凤池散心。当看到池边菱角菁菁时，苏轼马上感到怡情悦性，看着看着，便发觉不对：北方的池子里怎么会有南方的菱角？王弗笑着告诉他，因为担心苏轼思念家乡，她从家乡出发时带来了几根菱角根，并亲自种在饮凤池里，只是此处的菱角有叶而无果。苏轼疑惑不解，王弗调皮一笑："你心高气傲，太过'菱角锋芒'，仕途上怎么能没有谦虚礼让呢？"

王弗的善意提醒让苏轼明白了为人处世的道理，至此才领悟到陈希亮的苦心，与陈希亮的关系开始好转。因饮凤池隐喻有功，苏轼在疏浚饮凤池时还为其题名——东湖，因此后来才有了"东湖暂让西湖美，西湖却知东湖先"的诗句。

苏轼与妻子王弗的情感可以说是夫妻之间的至臻境界，不仅有惊鸿之瞥、怦然之心动，更多的是相知相识、患难相惜、柴米油盐之相伴、相濡以沫之默契。治平二年（1065 年），成婚十一年后，王弗因病去世，留下儿子苏迈与苏轼相伴。苏轼曾写《亡妻王氏墓志铭》怀念妻子：

> 君讳弗，眉之青神人，乡贡进士方之女。生十有六年，而归于轼。有子迈。君之未嫁，事父母；既嫁，事吾先君、先夫人，皆以谨肃闻。其始，未尝自言其知书也。见轼读书，则终日不去，亦不知其能通也。其后轼

有所忘，君辄能记之。问其他书，则皆略知之。由是始
知其敏而静也。

从轼官于凤翔。轼有所为于外，君未尝不问知其
详。曰："子去亲远，不可以不慎。"日以先君之所以戒
轼者相语也。轼与客言于外，君立屏间听之，退必反覆
其言曰："某人也，言辄持两端，惟子意之所向，子何
用与是人言。"有来求与轼亲厚甚者。君曰："恐不能
久。其与人锐，其去人必速。"已而果然。将死之岁，
其言多可听，类有识者。其死也，盖年二十有七而已。
始死，先君命轼曰："妇从汝于艰难，不可忘也。他日，
汝必葬诸其姑之侧。"未期年而先君没，轼谨以遗令葬
之，铭曰：

君得从先夫人于九原，余不能。呜呼哀哉！余永无
所依怙。君虽没，其有与为妇何伤乎。呜呼哀哉！

王弗离世后，苏轼的命运随之变化。他的后半生跌宕起伏，
仕途几乎未顺遂得志过。十年后，苏轼在山东密州担任知州时，
某天夜里，他在梦中仿佛看到妻子王弗立于故乡旧屋前，垂泪
凝视着他，两人相顾无言。苏轼梦醒后悲痛万分，凝望着窗外
凄冷的月色，满怀深情地写下了那首被后人誉为"千古第一悼
亡词"的佳作：

十年生死两茫茫。不思量，自难忘。

千里孤坟，无处话凄凉。

纵使相逢应不识，尘满面，鬓如霜。

夜来幽梦忽还乡，小轩窗，正梳妆。

相顾无言，惟有泪千行。

料得年年肠断处，明月夜，短松冈。

　　王弗二十七岁谢世，与苏轼相守十一年，成就了一段才子佳人的典范。她从少年时代开始，陪伴苏轼度过成长蜕变的十余年，却在苏轼春风得意之时病逝，之后留给苏轼一生的漫长思念。

　　除了给苏轼的婚姻把关，苏洵也为苏辙挑选了一位出身眉州名门的小姐作媳妇。苏辙与夫人恩爱甜蜜，幸福一生。虽然仕途不顺，但是在教育儿子和挑选儿媳上，苏洵却是相当有眼光的。苏家兄弟俩先后成家，接下来该求取功名，光宗耀祖了。

洵传苏

四

一门三学士

　　用现代流行的躺平文学代入"如果没有遇见伯乐，千里马该怎么办"这一问题，答案大概是："继续在家乡吃草，何乐而不为？"对于马来说，在哪里吃的都是草，并没有什么区别，但是，对于志在天下的人来说，没有遇见伯乐，就只能禁锢于困塞的人生了——这便是苏洵遇见伯乐之前的人生写照。

　　我们如今读史书得知，没有欧阳修，就没有我们今天知道的苏洵。其实，苏洵的伯乐并不只有欧阳修。时任成都府通判兼领眉州事的吴照邻、雅州太守雷简夫、益州知府张方平，都或多或少地帮助过苏洵。尤其是张方平，他与苏洵论古今治乱及一时人物，皆不谋而合。只要有机会，他就向朝廷举荐苏洵。

　　苏洵四十八岁时，遇到了他最重要的贵人——欧阳修。从此，苏洵的人生翻开了新的一页。

张方平慧眼识珠

自从放弃科举之后，苏洵隐居在家长达十年。在这十年中，除了读书带娃，他还写了一大堆文章。

他这期间的著述按其内容，可以分为四组：

一是兵书：《权书》十篇，《几策》中的《审敌》，《衡论》中的《御将》《兵制》，以及《制敌》。

二是政论：《几策》中的《审势》，《衡论》中的其他九篇和《谏论》。

三是儒家经典的论著：《太玄论》《洪范论》《利者义之和论》等。

四是《史论》上、中、下三篇，探讨了不同形式的文章共同的要求和不同的写法。

其中，苏洵的政治主张主要集中在《衡论》和《上皇帝书》中。在政治上，苏洵主张加强吏治，《衡论》中的《远虑》《御将》《任相》《重远》《广士》《养才》等篇，以及《上皇帝书》中的大部分内容，都是讲这个问题的。概括起来，要点如下：

第一，要信用腹心之臣。苏洵说："圣人之道，有经，有权，有机。""经"是治国之常道，可让"天下之民举知之"；"权"是与经相对而言的，是治国的权宜、权变之策，可让"群臣知之"；"机"是机要、枢纽，是治国的关键，只能让"腹心之臣知之"。

苏洵认为，不论取天下还是治天下，君主都需要有可与议"机"的腹心之臣。《远虑》中说道：

今夫一家之中，必有宗老；一介之士，必有密友；以开心胸，以济缓急。奈何天子而无腹心之臣乎？……圣人之任腹心之臣也，尊之如父师，爱之如兄弟，握手入卧内，同起居寝食，知无不言，言无不尽，百人誉之不加密，百人毁之不加疏，尊其爵，厚其禄，重其权，而后可以议天下之机，虑天下之变。

第二，用人应不拘一格。选拔官吏应更注重真才实干，任人唯贤。《广士》篇中说：

古之取士，取于盗贼，取于夷狄。古之人非以盗贼夷狄之事可为也，以贤之所在而已矣。夫贤之所在，贵而贵取焉，贱而贱取焉。是以盗贼下人，夷狄异类，虽奴隶之所耻，而往往登之朝廷，坐之郡国，而不以为怍；而绳趋尺步，华言华服者，往往反摈弃不用。何则？天下之能绳趋而尺步，华言而华服者众也，朝廷之政，郡国之事，非特如此而可治也。彼虽不能绳趋而尺步，华言而华服，然而其才果可用于此，则居此位可也。

"绳趋尺步"者，指那些循规蹈矩的人；"华言"者，指那些夸夸其谈的人；"华服"者，指那些坐享万钟之禄的纨绔子弟。可见，苏洵所说的任人唯贤的贤，主要是指治国安天下的真才。

第三，要重边吏，加强对边境地区的管理和控制。苏洵在《重远》中强调"天下之势，远近如一"，不应该厚此薄彼。就远郡和近郡比较，"近之可忧，未若远之可忧之深也"。因为近郡官吏贤不贤，容易为朝廷所知。而"远方之民，虽使盗跖为之郡守，梼杌饕餮为之县令，郡县之民，群嘲而聚骂者，虽千百为辈，朝廷不知也"。盗跖，古代大盗。梼杌、饕餮，是怪兽、恶兽，喻恶人、贪婪的人。苏洵还列举了几个边远之郡，说明它们的重要性，他认为"河朔、陕右、广南、川峡实为要区"。河朔、陕右，因面对辽国和西夏，"中国之所恃以安"，而广南、川峡，乃"货财之源"，如果不重视边远之郡，贪官污吏可能会在这些地方为所欲为。

这些著作如同璀璨的明珠，正静静地躺在沙尘之中，苏洵作为"明珠"的主人，也在殷切地盼望着慧眼识珠的伯乐出现。至和元年，苏洵四十六岁时，他人生中重要的贵人——张方平出现了。

张方平（1007—1091年），字安道，应天府南京（今河南商丘）人。据说张方平是神童，少年时读书过目不忘，一本书只要看过一遍，便可终身不读。他曾两中制科，是宋仁宗至哲宗的四朝名臣，任过翰林学士知制诰等职，后因故迁徙地方。

皇祐四年，广西地区一少数民族首领侬智高起兵反宋，带领军队攻城略地。宋朝廷迅速调兵遣将，镇压了侬智高部，其余孽窜入了南诏大理国。不久后，蜀地不知为何开始流传侬智高即将率领残兵攻打蜀地的谣言。一时之间人心惶惶，当地官员慌乱间上疏皇帝请求增援。为稳定当地动荡，朝廷派遣张方平到益州——也就是今天的四川成都——委任知州，希望他能彻底剿灭侬智高部势力。

张方平到任后，经过一系列深入调查走访，发现侬智高寇蜀纯属谣言。这一消息传开，蜀地人民的心情才恢复平静。在蜀任职期间，张方平为蜀地人民做了很多好事。回京后，张方平担任过许多要职。宋仁宗、英宗、神宗三朝皇帝都曾有意任命他为宰相，但都被他委婉拒绝。后来王安石执政，由于与王安石政见不合，张方平逐渐淡出朝政。

张方平不仅治蜀有方，而且很爱惜人才，经常四处搜贤访异。在成都任职期间，他偶然听闻眉山处士苏洵是个人才，一番打听后便叫人传话请苏洵到成都，他将以礼相待。与此同时，眉山的士大夫也传开了这个消息，有人告诉苏洵："张公这次入蜀，肯定要举荐人才，这是你最好的机会。"

后来，张方平果然举荐苏洵为学官。苏洵知道后，一时之间激动不已，挥笔写下了《上张益州书》：

> 古之君子，期擅天下之功名，期为天下之儒人，而一旦不幸，陷于不义之徒者有矣。柳子厚、刘梦得、吕化光，皆才过人者，一为二王所污，终身不能洗其耻。虽欲刻骨刺心，求悔其过而不可得，而天下之人且指以为党人矣。洵每读其文章，则爱其才；至见其陷于党人，则悲其不幸。故虽自知其不肖，不足以晞望古之君子，而尝自洁清以避耻远辱。王公贵人，可以富贵人者，肩相摩于上；始进之士，其求富贵之者，踵相接于下。而洵未尝一动其心焉，不敢不自爱其身故也。

> 贫之不如富，贱之不如贵，在野之不如在朝，食菜之不如食肉，洵亦知之矣。里中大夫皆谓洵曰："张

公，我知其为人。今其来必将有所举，宜莫若子；将求
其所以为依，宜莫如公。"洵笑曰："我则愿出张公之门
矣，张公许我出其门下哉？"居数月，或告洵曰："张
公举子。"闻之愀然自贺曰："吾知免矣！"吾尝怪柳子
厚、刘梦得、吕化光数子，以彼之才游天下，何容其身
辱如此！恐焉惧其操履之不固，以蹈数子之踪。今张公
举我，吾知免矣。

孟子曰："观远臣以其所主。"韩子曰："知其主可
以信其客。"张公作事固信于天下，得为张公客者，虽
非贤人，而天下亦不敢谓之庸人矣。昨有得天下不得谓
之庸人者几人？而我则当。知我者可以吊刘梦得、吕化
光、柳子厚数子之不幸，而贺我之幸也。数百里一拜于
前，以为谢者，正为此耳。

苏洵说自己"未尝一动其心焉，不敢不自爱其身故也"，表
明了对政治和仕途的看法，又表示自己听到被张方平举荐时的
激动心情，随后以"我则愿出张公之门矣，张公许我出其门下
哉"和"今张公举我，吾知免矣"表达自己渴望拜入张方平门
下、希望得到机会的恳切之情。

至和二年，苏洵出发前往成都。他是以一副"幅巾田服"
的打扮前去拜访张方平的。"幅巾田服"指的是用一幅细绢裹住

头，身穿乡野平民的衣服。幅巾，是当时在士大夫中流行的一种头巾，有儒雅闲适之风。苏洵此身打扮，是想从穿着上表达自己身份卑微、未入仕途的现状。张方平对待人才一向礼重，也非常亲切，听说苏洵要来，还为苏洵设了一个专门的座位，以供与苏洵谈话交流之用。

初次见面，张方平对苏洵印象很好，觉得他谦逊温和，博学多才。苏洵呈上著作，请张方平点评。张方平对苏洵的文章赞不绝口，评价他兼具左丘明、司马迁、贾谊的长处，将他比作困在荆棘丛中的鸿鹄。

苏洵对张方平的知遇之恩报以感激之情，同时也敬仰张方平的为官之道，后来写下《张益州画像记》，记载张方平在益州期间勤政为民、廉洁爱民的事迹：

公，南京人，为人慷慨有大节，以度量容天下。天下有大事，公可属。系之以诗曰：

天子在祚，岁在甲午。西人传言，有寇在垣。庭有武臣，谋夫如云。天子曰嘻，命我张公。公来自东，旗纛舒舒。西人聚观，于巷于涂。谓公暨暨，公来于于。公谓西人：安尔室家，无敢或讹。讹言不祥，往即尔常。春尔条桑，秋尔涤场。西人稽首，公我父兄。公在西圃，草木骈骈。公宴其僚，伐鼓渊渊。西人来观，祝公万年。有女娟娟，闺闼闲闲。有童哇哇，亦既能言。昔公未来，期汝弃捐。禾麻芃芃，仓庾崇崇。嗟我妇子，乐此岁丰。公在朝廷，天子股肱。天子曰归，公敢不承？作堂严严，有庑有庭。公像在中，朝服冠缨。西人相告，无敢逸荒。公归京师，公像在堂。

从这篇文章的字里行间，可见苏洵与张方平政见相符，他们都将治国的关键放在关注百姓民生之上。张方平做到了苏洵想做而一直没有机会做的事情，因此苏洵对他的敬仰之情溢于言表。

雷简夫赏识举荐

嘉祐元年春，苏洵准备带两个儿子进京应试。出发前，他给张方平写了一封信，一是告诉他自己即将入京，二是希望两个儿子能得到张方平的引荐：

> 洵有二子轼、辙，龆龀授经，不知他习，进趋拜
> 跪，仪状甚野，而独于文字中有可观者。始学声律，既
> 成，以为不足尽力于其间。读孟、韩文，一见以为可
> 作。引笔书纸，日数千言，坌然溢出，若有所相。年少
> 狂勇，未尝更变，以为天子之爵禄可以攫取。闻京师多
> 贤士大夫，欲往从之游，因以举进士。洵今年几五十，
> 以懒钝废于世，誓将绝进取之意。惟此二子，不忍使之

复为湮沦弃置之人。今年三月，将与之如京师。

这封信被称为《上张侍郎第一书》，后来被收录在苏洵的文集中。苏洵在信中言辞恳切地表示，虽然自己"以懒钝废于世，誓将绝进取之意"，但是不忍心让两个儿子"复为湮沦弃置之人"，希望张方平能向位高权重之人引荐兄弟二人。

用现代视角来看，苏洵这一举动无疑有"走后门"的嫌疑，但酒香也怕巷子深，苏洵不愿意看到苏轼、苏辙再走他的老路，白白浪费青春与才华。再则，在古代的人情社会里，想要"朝为田舍郎，暮登天子堂"几乎是不可能的，哪怕是像李白这样的大文豪也感叹"生不愿封万户侯，但愿一识韩荆州"。可见，想要仕途有名，寻求举荐是很有用的途径。

父子三人进京，路过成都，拜访张方平。张方平接见了他们，并以制科题目考查苏轼、苏辙的学业，对兄弟二人的表现非常满意。他决定这次直接给欧阳修写信。不过，提笔的时候，张方平有点犯难，因为他与欧阳修曾经在政见上有过严重分歧，已经多年没有往来了。但这已经是多年前的事情了，而且是政治分歧，不是个人恩怨。这么想着，张方平提笔给欧阳修写了一封推荐信。

之后，苏洵又携二子前往雅州，拜见了雷简夫。雷简夫，字太简，同州郃阳（今陕西合阳）人。他年轻时勤奋好学，博览群书，曾隐居山中，不仕之志坚定，为人洒脱不羁，追求自由闲散的生活，常骑一头老牛出入深山。后得枢密使杜衍举荐，以平民之身受宋仁宗破格召见，先后在坊州、简州为官。侬智高兵败入滇，张方平遂向朝廷请求让雷简夫担任雅州太守。雷简夫到任后，雅州百姓如获至宝，人心安定。此后，他又调任他州，最终官至尚书职方员外郎。

早先，在至和二年，苏洵就曾前往雅州拜访雷简夫，有《与雷太简纳拜书》：

> 赵郡苏某袖书再拜知郡殿丞之前：夫礼隆于疏，杀于亲。以兄之亲，而酌则先秦人，盖此见其情焉。某与执事道则师友，情则兄弟，伛偻跪拜，抗拜于两楹之间，而何以为亲？愿与执事结师友之欢，隆兄弟之好。谨再拜庑下，执事其听之，勿辞。不宣。

这次，苏洵带了文章请雷简夫指教。雷简夫略读苏洵《几策》中的文字：

> 治天下者定所上。所上一定，至于万千年而不变，使民之耳目纯于一，而子孙有所守，易以为治。故三代圣人，其后世远者至七八百年。夫岂惟其民之不忘其

功，以至于是，盖其子孙得其祖宗之法而为据依，可以永久。(《审势》)

中国内也，四夷外也。忧在内者，本也；忧在外者，末也。夫天下无内忧，必有外惧。本既固矣，盍释其末以息肩乎？曰未也。古者夷狄忧在外，今者夷狄忧在内。(《审敌》)

短短几句话就让雷简夫惊为天人，"知己知彼，方能百战不殆"也是他一贯坚持的主张，而苏洵的《审势》和《审敌》将这一道理论述得更为深刻入理，比他的见地更高一筹。随后，雷简夫又略读了苏洵带来的《权书》《衡论》，读完后觉得苏洵的文章让人耳目一新，简直如醍醐灌顶。

雷简夫写了一封《上张文定书》交给苏洵，让其转交张方平。他信中称赞苏洵是"天下之奇才"，让张方平一定要再三举荐苏洵：

简夫近见眉州苏洵著述文字，其间如《洪范论》，真王佐才也；《史论》，真良史才也。岂惟西南之秀，乃天下之奇才耳。……愿明公荐洵之状，至于再，至于三。

随后，他又写信向韩琦、欧阳修引荐苏洵。他在给韩琦的信中写道：

> 读其《洪范论》，知有王佐才；《史论》得迁史笔；《权书》十篇，讥时之弊；《审势》《审敌》《审备》三篇，皇皇有忧天下心。呜呼，师鲁不再生，孰与洵抗耶？简夫自念道不著，位甚卑，言不为时所信重，无以发洵之迹。

在给欧阳修的信中说：

> （苏洵）尝著《六经》《洪范》等论十篇，为后世计。……起洵于贫贱之中，简夫不能也，然责之亦不在简夫也；若知洵不以告于人，则简夫为有罪矣。用是，不敢固其初心，敢以洵闻左右。恭惟执事，职在翰林，以文章忠义为天下师。洵之穷达宜在执事。向者，洵与执事不相闻，则天下不以是责执事；今也，读简夫之书既达于前，而洵又将东见执事于京师，今而后天下将以洵累执事矣。

他在两封信中都深切地表达了自己人微言轻、没有能力帮助苏洵于贫贱之中脱颖而出，希望两位大人能加以奖掖，以免人才埋没于草野。对雷简夫的赏识和力荐，苏洵自然感激不尽。雷简夫之所以慷慨相助，除了他原本爱才心切之外，也有个人情感。当年雷简夫也是未经科考起于草野中的，所以对苏洵的经历特别感同身受。后来，雷简夫过世，苏洵作《雷太简墓铭》，其中有"不献不求，既获不用。有功不多，孔铭孔悲"之句，可谓情深意切。

苏洵带着举荐信，对这次进京赴考又多了些底气。告别程氏，苏洵与苏轼、苏辙父子三人踏上了进京赴考的路。这一次还是走陆路，从蜀地出发，途经秦川、中原，最后到达京城。一路美景，唤醒了苏洵脑海中的记忆，这已经是他第四次走这条路了，心中更多的是对自己这些年来进京赴考的回忆和感叹，而苏轼、苏辙更多的是对沿途风景感到新奇。

父子三人一路心情各异，途经长安时，还得到陕西都转运使傅某的礼待。这让苏家父子心存感激，苏洵为此专门题了一首《途次长安上都漕傅谏议》送给这位陕西都转运使，诗中有几句这样说道：

丈夫正多念，老大自不安。

居家不能乐，忽忽思中原。

慨然弃乡闾，劫劫道路间。

穷山多虎狼，行路非不难。

昔者倦奔走，闭门事耕田。

蚕谷聊自给，如此已十年。

　　寥寥数句，足以看出苏洵老骥伏枥、志在千里的用世之心。十年隐居生活，让苏洵积淀了足够多的学问，只求一鸣惊人，让一身才学有用武之地。在这首诗的结尾处，苏洵还写道：

昨者东入秦，大麦黄满田。

秦民可无饥，为君喜不眠。

禁军几千万，仰此填其咽。

西蕃久不反，老贼非常然。

士饱可以战，吾宁为之先。

傅侯君在西，天子忧东藩。

烽火尚未灭，何策安西边？

傅侯君谓何，明日将东辕。

　　想到西夏与宋爆发的战争，又想起近年来侬智高逆党祸乱尚未完全清除之事，忧国忧民之虑更加坚定了苏洵想要进京博一番事业的决心。

欧阳修大力推举

苏洵与苏轼、苏辙父子三人一番长途跋涉，于五六月间到达东京，借住在兴国寺的浴室院。

《汴京遗迹志》记载，兴国寺位于马军桥东北，建于太平兴国年间，位于里城墙西门阊阖门内至宫城宣德门前的"御路"南侧。兴国寺的浴室院是为羁旅之人提供客房的普通僧舍。浴室南边有古屋，东西墙壁上绘有六祖像。其东边，刻木为楼阁堂宇做遮蔽，看不全画像，而西壁的三师，皆神韵深邃。

这次，苏洵三人到的时机不太好。当时，京师一带正连降暴雨，如同一片水乡泽国，官民们正忙着抗洪治水。直到七月，雨止水退，一切才恢复正常。苏洵早已领略过北宋首都的雄伟和繁华，但第一次来到京城的苏轼、苏辙兄弟俩却觉得大开眼界。一天，苏轼、苏辙在大街上闲逛，正好遇到宰相富弼和枢密大臣韩琦出行。他们侧身让道于旁，远远观瞻两位大人的风采。不知兄弟二人当时心里想了什么，但这次经历，给他们留下了深刻的印象。

苏洵先带着张方平、雷简夫的推荐信前去拜访欧阳修，并将他所写的《洪范论》《史论》等文章，连同他写给欧阳修的《上欧阳内翰第一书》一起投给欧阳修。其中，《上欧阳内翰第一书》是苏洵的"投名状"，写得十分有"心机"。苏洵借当朝贤人君子的离合变故，表达自己对欧阳修的倾慕，又将欧阳修的文章与孟子和韩愈作比较，以展示他对欧阳修的了解，拉近他与欧阳修的关系，随后又坦露他十年学道心得，表达他希望能与欧阳修成为知己的心愿。此篇书信抑扬顿挫、开合自如，既表达了他对欧阳修的仰慕之情，也将他求职的渴望详细且委婉地表达出来，积极地显露出他"有志于当世"的远大抱负。

除了欧阳修之外，苏洵还将雷简夫的推荐信和自己的文章送给了韩琦和集贤殿大学士富弼、昭文馆大学士文彦博、户部侍郎余靖等人，希望能得到拜会的机会。这几人也都表示会拜读文章后与苏洵再谈。

几日之后，苏洵的努力有回音了，欧阳修那边首先传来消息，请他去见面。

苏洵登门后，欧阳修热情地接待了他，谈笑间和蔼可亲，令苏洵如沐春风。欧阳修表示，他早些时候就已经收到吴照邻送去的文章，后又得张方平和雷简夫的举荐信，如今再看苏洵亲自递上来的文章，十分佩服苏洵的才学，称他的文章有荀卿之风。两人在第一次见面中相谈甚欢，临别时，欧阳修又向苏洵要其他文章，希望能详细拜读苏洵的作品。

欧阳修的夸奖令苏洵信心大增，回到住所就把文章都送了出去，但等待几日之后却没有任何消息传来。这让苏洵心里打鼓，难道之前欧阳修夸赞他的话不过是客气的场面话？焦急的苏洵内心就像十五个吊桶打水一般七上八下，最终还是按捺不住，又给欧阳修写了《上欧阳内翰第二书》，一纸书信递过去，询问欧阳修："意者其失于斯言也？""意者其戏也？"翻译过来就是：你前几天说我的文章如何如何好，其实是逗我玩呢？

显然，这算得上有点儿冒昧了。苏洵的心情可以理解，隐居蜀中十余年，此次又是带着两个儿子进京赴考，欧阳修不仅左右着他的命运，也间接决定着儿子们的未来。但苏洵不知道的是，官场利益盘综错杂，位高权重的人做每个决定都要考虑有可能产生的影响，日常待人接物都是滴水不漏，提拔一个人必然要经过深思熟虑。

欧阳修不敢轻易允诺，但同样不想错过人才。在精读苏洵所有文章后，他终于认定苏洵是个可堪大用的人才，给宋仁宗写了一篇《荐布衣苏洵状》：

伏见眉州布衣苏洵，履行淳固，性识明达，亦尝一举有司，不中，遂退而力学。其论议精于物理而善识变权，文章不为空言而期于有用。其所撰《权书》《衡论》《几策》二十篇，辞辩闳伟，博于古而宜于今，实有用之言，非特能文之士也。其人文行久为乡闾所称，而守道安贫，不营仕进，苟无荐引，则遂弃于圣时。其所撰书二十篇，臣谨随状上进。伏望圣慈下两制看详，如有可采，乞赐甄录。谨具状奏闻，伏候敕旨。

这封信颇具欧阳修的风格，写得十分慎重，短短数句，行云流水。大意是这样的：

苏洵所写的议论文章在说理方面尤为擅长，又懂得灵活变通，所写内容都不是泛泛空话，对于当朝很有实际作用。臣阅读了他的《权书》《衡论》《几策》等二十篇文章，每一篇都有十分深广渊博的历史知识，这些知识对今日朝廷非常有用，且内容新颖，不落窠臼，不同于以往一般人所写的论述文章。苏洵无论是文章还是为人，都被人交口称赞，广受地方好评。在这样的评价下，他仍能坚守本心，坚守道德，安于贫困，并没有借机去碌碌钻营，这十分难得。这样的人才如果没有得到举荐，就会被埋没。臣随此信奉上苏洵撰写的二十余篇文章，期望圣上您怀着爱惜人才的慈悲之心，发给朝廷内外看看。如果苏洵的策论确有可取之处，还希望朝廷能够采用。

在这封信中，欧阳修提到的"两制"，主要工作是给皇帝起草文章、告示、政令等内容，相当于御用秘书。欧阳修请求宋仁宗让"两制"面试苏洵，属于宋朝一种选录人才的规定程序。这样的方式，能够让上面更了解苏洵的才能，在未来安排职位时，也能让苏洵的一身才能得到恰当的发挥。

欧阳修还给张方平和雷简夫分别写了一封信，感谢他们不遗余力地推举苏洵这样贤能的人才，在褒奖苏洵的同时，还写下"后来文章当属此人"这样的高度评价。

如果说，苏洵从青年到壮年时期三次科举失败是他人生中挥之不去的阴霾，那么与欧阳修的相识相知好比一道明媚的光亮，将以往的黯淡一扫而空。

在欧阳修的介绍下，苏洵陆续结识了韩琦、曾巩、富弼、梅尧臣等人。一时之间，很多士大夫都以能与苏洵结交为荣。苏洵在京师的名声传得很快，其才学见解被众人称道，而他也终于有机会与自己曾经敬仰的人一起侃侃而谈，这种崭露头角、受人青眼的荣耀，让苏洵十分开怀。

其中，枢密使韩琦还与苏洵有过一番朝廷军事意见上的交流。韩琦在读了苏洵的《权书》之后，也觉得苏洵见解独到，因此询问苏洵对当朝军事的意见。收到韩琦的书信，苏洵十分激动，连夜写下《上韩枢密书》，大谈驭兵之道，建议韩琦用严

刑峻法整顿军纪:

> 或者以为兵久骄不治,一旦绳以法,恐因以生乱。
> 昔者郭子仪去河南,李光弼实代之。将至之日,张用济
> 斩于辕门,三军股栗。夫以临淮之悍,而代汾阳之长
> 者,三军之士,竦然如赤子之脱慈母之怀,而立乎严师
> 之侧,何乱之敢生?且夫天子者,天下之父母也;将相
> 者,天下之师也。师虽严,赤子不以怨其父母;将相虽
> 厉,天下不以咎其君。其势然也。

可惜,苏洵到底还是没有经验,不懂得官场里的暗流汹涌,尤其是他不了解韩琦做事思虑深广,谨小慎微。最后,韩琦并没有采用苏洵这种激进的方法。不过,韩琦后来继续和苏洵保持着往来。有一次,韩琦在家中设宴,只请了欧阳修和其他几位关系比较近的官员,苏洵也以布衣身份参加了。

前面我们提到过,苏洵在欧阳修的引荐下结识了众多官员、士大夫,其中有人欣赏苏洵,也有人反感他——富弼就是其中之一。欧阳修在给富弼写的《与富文忠公六通》中推荐苏洵说:

> 有蜀人苏洵者,文学之士也。自云奔走德望,思一
> 见而无所求。然洵远人,以谓某能取信于公者,求为先

容。既不可却，亦不忍欺，辄以冒闻。可否进退，则在公命也。

在欧阳修的引荐下，苏洵有了与富弼交流的机会。意气风发的苏洵给富弼写了一封《上富丞相书》，文中批评富弼丧失了推行庆历新政时候的勇气和锐气，不敢革新，无所作为，身在高位却辜负天下人的期待。随后，他又表示自己希望能有机会得一官半职，站在朝堂之上帮助富弼再成事：

> 往年天子震怒，出逐宰相，选用旧臣堪付属以天下者，使在相府，与天下更始，而阁下之位实在第三。方是之时，天下咸喜相庆，以为阁下惟不为宰相也，故默默在此；方今困而后起，起而复为宰相，而又值乎此时也，不为而何为？且吾君之意，待之如此其厚也，不为而何以副吾望？故咸曰：后有下令而异于他日者，必吾富公也。朝夕而待之，跂首而望之，望望然而不获见也，戚戚然而疑。……伏惟阁下以不世出之才，立于天子之下，百官之上，此其深谋远虑必有所处，而天下之人犹未获见。洵，西蜀之人也，窃有志于今世，愿一见于堂上，伏惟阁下深思之，无忽！

　　富弼身为当朝宰相，被苏洵劈头盖脸一通批评，估计心情不太好，索性没理苏洵。

　　除了富弼，苏洵给其他许多官员士大夫的信也都没有回音，也未求得一官半职，但苏洵的名气却水涨船高，众人争相模仿他的行文风格，苏洵一度达到京城无人不知、无人不晓的地步。

莫道登科难，小儿如拾芥

　　到京城之后，苏轼和苏辙两兄弟专心苦读，先是参加了当年七月的举人考试，顺利通过。嘉祐二年（1057 年）正月，礼部考试即将开始，苏洵一生未能如愿的事情，即将在他两个儿子身上实现。

　　此次礼部进士考试以翰林学士欧阳修为主考官，龙图阁直学士梅挚、翰林学士王珪等人为副主考官，梅尧臣等人为阅卷官。根据北宋考试要求，礼部进士考试需连考三天。首日考诗赋或经义，二日考论，三日考策。且为了防止徇私舞弊，考试时须"锁院"。

　　"锁院"如同现今考试中的"拉单桌"，旨在防止作弊行为。在考场布置上，考生会被安排在分隔开的房间内答题。答完题后，试卷需要封存、编号，再誊抄副本供考官阅卷。这样做的主要原因是避免考官通过笔迹认出熟人，影响评判的公正性。此外，在整个考试过程中，考官要等到所有试卷审阅完毕、录取名单确定并公布后才能出场。有如此严格的考试制度，礼部进士考试是相当公平的。

礼部考试通过后，科举之路并未结束。贡院会公布通过礼部进士考试的考生名单，这些合格的考生还需要参加殿试，在一天之内完成诗、赋、论题等内容的考试，通过后才算登科。最后，科举中榜的人都可以视为"天子门生"。

苏轼和苏辙参加的这次考试，由欧阳修出题，论试的题目是《刑赏忠厚之至论》。苏轼笔走如飞，一挥而就。其中的一个典故，引起了阅卷官梅尧臣和主考官欧阳修的重点关注：

> 《传》曰："赏疑从与，所以广恩也；罚疑从去，所以慎刑也。"当尧之时，皋陶为士，将杀人，皋陶曰"杀之"三，尧曰"宥之"三，故天下畏皋陶执法之坚，而乐尧用刑之宽。四岳曰"鲧可用"，尧曰"不可，鲧方命圮族"，既而曰"试之"。何尧之不听皋陶之杀人，而从四岳之用鲧也？然则圣人之意，盖亦可见矣。《书》曰："罪疑惟轻，功疑惟重。与其杀不辜，宁失不经。"

这段文章大致的意思是：在尧帝当政时期，皋陶担任掌管刑罚的官员。有一次，在讨论是否要处决一个人时，皋陶连续三次说要杀，而尧却连续三次表示宽恕。从此以后，人们都畏惧皋陶执行刑罚时的严厉，而更喜爱尧使用刑罚时的宽厚。当时，各部落的首领都推荐夏禹的父亲鲧，然而尧帝却因为鲧曾经违抗命令、损害氏族利益而不赞同。但过了一会儿，尧帝改变了主意，决定试用鲧。有人质疑，尧帝为什么不听从皋陶杀人的建议，却听从各部落首领重用鲧的意见呢？从这里可以看出圣人的想法。《尚书》中说："对于有疑义的罪责要从轻处罚，对于有疑义的功劳要从重奖赏。与其错杀无辜之人，宁可违背常法。"

苏轼在文章里用尧帝和皋陶的故事当论据，用大量的篇幅论证"赏赐可以宽厚些，惩罚得谨慎"的道理。这让阅卷的梅尧臣和欧阳修眼前一亮，他们都觉得文章写得很有新意，尤其是欧阳修，越看越觉得这文章的写法跟自己的学生曾巩很像。他以为是曾巩所做，心想：我要是把写这篇文章的人定成第一，别人肯定得说我偏袒自己的学生。为了避嫌，他把这份试卷的作者放到第二。

三月，崇政殿御前考试，苏轼和苏辙兄弟二人都高中进士。欧阳修这才知道，他之前批阅的文章并非学生曾巩所做，而是苏洵的儿子苏轼的考卷。随后，他既欣慰地恭喜苏洵，又感叹虎父无犬子。

得知两个儿子都中了进士，苏洵又忧又喜。喜的是两个儿子如此有出息，光耀门楣，给苏家添光；忧的是他读书多年，多次参加科举，却没有一次成功。他实在想不明白，为什么两个儿子能够一飞冲天，顺利中第，而他却几十年屡试不第，对他来说，科举好像比登天还难。

万般感慨的苏洵，还作诗一首，聊以抒怀：

莫道登科易，老夫如登天。

莫道登科难，小儿如拾芥。

苏轼、苏辙高中之后，无论是繁华的京城还是偏远的边境，学士大夫"莫不人知其名，家有其书"。从初到京城时苏洵百般求见"王公大人"，到此时情况却翻转过来，变成"王公大人"争相邀约。韩绛就是主动求见苏洵的人物之一，苏洵却在《上韩舍人书》中说：

有来告洵以所欲见之之意，洵不敢不见。然不知君侯见之而何也？天子求治如此之急，君侯为两制大臣，岂欲见一闲布衣，与之论闲事邪？此洵所以不敢遽见也。

苏洵在京期间,与新结交的士大夫常有诗歌往来。欧阳修家养有白兔,写有《白兔》诗,又有《思白兔杂言戏答公仪忆鹤之作》,苏洵也作有《欧阳永叔白兔》:

飞鹰搏平原,禽兽乱衰草。

苍茫就擒执,颠倒莫能保。

白兔不忍杀,叹息爱其老。

独生遂长拘,野性始惊矫。

贵人织筠笼,驯扰渐可抱。

谁知山林宽,穴处顾自好。

高飚动槁叶,群窜迹如扫。

异质不自藏,照野明暠暠。

猎夫指之笑,自匿苦不早。

何当骑蟾蜍,灵杵手自捣。

前八句描述了白兔被捕获和笼养的过程。"禽兽乱衰草"中的"乱"字,生动地描绘出在"飞鹰"的攻击下,飞禽走兽惊慌逃窜的场景。"苍茫就擒执,颠倒莫能保"中"颠倒"二字则写出了禽兽被捕杀时痛苦挣扎的模样。野外生存艰辛,在笼子里被人供养的白兔不需要经历弱肉强食的自然规则,这无疑是一种幸福。然而,长期被囚禁,被驯服得温驯可抱,对于白兔这样的野生动物来说也是可悲的。中间六句描写白兔的本性，它喜欢山林洞穴，成群奔跑，在平原上形成一道白色的风景线。如今却身处贵人的竹笼中，曾经喜欢的一切都已成为奢望。最后借猎夫之口，嘲笑白兔没有隐藏自己而被长期拘禁，不像月中白兔，可以自由地骑着蟾蜍捣药。"异质不自藏""自匿苦不早"，正是全诗的主题。整首诗结构严谨，形象鲜活，韵味深长，堪称佳作。

泊传
苏

五

应诏赴汴京

　　人世无常，福祸相依，总是让人措手不及。苏洵和苏轼、苏辙父子三人不承想进京便能一举成名，得偿所愿，也未曾料到与程氏的分别竟是此生的诀别。

　　嘉祐三年（1058年）十月，朝廷给苏洵的回复姗姗来迟。由于欧阳修和张方平等人的鼎力相荐，朝廷下诏令苏洵赴京师试策论于舍人院。这样的廷诏对苏洵来说意味着什么？他又是如何对待朝廷这份诏令的呢？

求官无望，妻友离世

　　自苏洵父子三人到京，到苏轼和苏辙二子登科，对于苏家父子来说，这一趟可谓收获颇丰：苏轼、苏辙高中进士，等待朝廷任命；苏洵虽然未求得官职，但却名扬京城。然而，这时，朝廷的整体氛围随着仁宗的病弱失去了活力，在政治上早已失去了大刀阔斧的改革意愿。虽然宋仁宗召回了当年支持新政的韩琦、欧阳修、富弼等人，但朝廷选官用人、职位晋升等制度十分完善，而且各方势力慢慢趋于平衡。在这样的环境下，那些激进的政治主张让苏洵变成了一颗烫手的山芋，谁都不想惹麻烦，所以即使有欧阳修背书，苏洵也很难在势力错综复杂的官场有所作为。

　　京城一些高官名流和士大夫对苏洵的捧场，让苏洵更加

"当局者迷"，仍然寄希望于他人的推荐，想博得破格任用的机会。在这焦急的等待中，苏洵听闻张方平要入京述职的消息，急不可耐地给张方平写了第二篇自荐书《上张侍郎第二书》：

省主侍郎执事：洵始至京师时，平生亲旧，往往在此，不见者盖十年矣，惜其老而无成，问所以来者，既而皆曰："子欲有求，无事他人，须张益州来乃济。"且云："公不惜数千里走表为子求官，苟归，立便殿上，与天子相唯诺，顾不肯邪？"

退自思公之所与我者，盖不为浅，所不可知者，惟其力不足而势不便，不然，公于我无爱也。闻之古人："日中必熭，操刀必割。"当此时也，天子虚席而待公，其言宜无不听用。洵也与公有如此之旧，适在京师，且未甚老，而犹足以有为也。此时而无成，亦足以见他人之无足求，而他日之无及也已。

昨闻车马至此有日，西出百余里迎见。雪后苦风，晨至郑州，唇黑面烈，僮仆无人色。从逆旅主人得束薪缊火，良久，乃能以见。出郑州十里许，有导骑从东来，惊愕下马立道周。云宋端明且至，从者数百人，足声如雷，已过，乃敢上马徐去。私自伤至此，伏惟明公所谓洁廉而有文，可以比汉之司马子长者，盖穷困如此，岂不为之动心而待其多言邪！

信的开头，先借"平生亲旧"之口说"子欲有求，无事他人，须张益州来乃济"。次写自思"公之所与我者，盖不为浅"，意思是张方平对自己很好。"天子虚席而待公，其言宜无不听用"，因此张方平是能够推荐自己的。自己"且未甚老，而犹足以有为"，是不会辜负张的推荐的。这是喻之以理，从各个角度说明只有张方平才能使自己"有为"，问题就在于张方平肯不肯"至于再，至于三"地推荐自己了。

信的最后又动之以情，写"雪后苦风，晨至郑州，唇黑面裂，僮仆无人色"，说自己在城门外等待，以迎候张方平的到来，冻得脸都没有血色，而以"明公所谓洁廉而有文，可以比汉之司马子长者，盖穷困如此，岂不为之动心而待其多言邪"作结，写得感人肺腑，含蓄委婉地说明了自己的凄惨处境，虽说无须待其"多言"，但意思表达得很充分。

读过信件的张方平很同情苏洵的境遇，但如今时移世易，早就不是当年朝廷大刀阔斧推陈革新、重视人才的时候了，而他又人微言轻，在皇上面前说不上话，如何推荐苏洵呢？面对苏洵的殷切期望，张方平有点犯难，只好安慰他再找机会。

张方平此次回到京城是来述职的，拜见欧阳修等朝廷重臣的时候，他想在富弼面前为苏洵美言几句，希望能帮苏洵这个有才之士找机会为国效力。没想到，富弼听张方平提起苏洵，虽然称赞苏洵文章甚美，值得世人传阅，但很快就话锋一转，说："然此君专劝人杀戮立威，岂得直如此要官做？"此话一出，张方平心知苏洵求官的事没有峰回路转的可能了。苏洵那篇上书让富弼心存芥蒂，断送了他在富弼这边求得举荐的机会。

此外，仁宗皇帝也曾经询问韩琦对于苏洵授官方面的意见。韩琦当时的回答值得玩味，他这样答复宋仁宗："苏洵虽有才名，但是现在却缺乏做官的资格，贸然提拔不合规矩，不如等有考试的机会，让苏洵正式参加考试，名正言顺地获得为官的资格，到时候再由您赐他一个合适的官职，这样比较合乎规矩。"

宋仁宗听完韩琦的话，稍稍考虑，便说："这样也好，朝廷提拔官员的规矩还是要遵守的，那苏洵这件事就暂且不提，等下次考试看他能取得什么名次再说吧。"韩琦在宋仁宗面前既没有否定苏洵的才华，也没有热情举荐，而是让苏洵遵守大宋选拔规则，如果能通过考试就赐官。这样的回答尽显官场的生存智慧，既不得罪人，也不主动出风头为自己揽事。

时间过得很快，苏洵父子三人已经在京城待了一年多。这期间，苏洵从欢天喜地变成郁郁寡欢，想离开京城又有些不甘心，就在胶着的时候，苏洵收到了一个堪称晴天霹雳的消息——妻子程氏病故。

　　收到消息的苏洵心急如焚，来不及和张方平、欧阳修等人告别，就带着苏轼和苏辙匆匆返回蜀地奔丧。万里归途，山水路遥。苏洵父子三人名动京师之时，程氏撒手人寰，这样的结局让苏洵心绪凄凄，意难平。

　　苏洵把程氏安葬在彭山安镇乡可龙里老翁泉附近。这里山环泉涌，景色宜人。他在《老翁井铭》中写道：

　　　　丁酉岁，余卜葬亡妻，得武阳安镇之山。山之所从来甚高大壮伟，其末分而为两股，回转环抱，有泉坌然出于两山之间而北附。右股之下畜为大井，可以日饮百余家。卜者曰吉，是其葬书为神之居。盖水之行常与山俱，山止而泉冽，则山之精气势力自远而至者，皆畜于此而不去，是以可葬无害。他日乃问泉旁之民，皆曰是为老翁井。

　　武阳即今四川彭山。苏洵把妻子葬在这里，并在泉上修筑了一座凉亭，常常悠游亭上，怀念亡妻。

　　苏洵对程氏之死悲痛无限，就如他在《祭亡妻文》中所写：

　　　　与子相好，相期百年。不知中道，弃我而先。我徂京师，不远当还。嗟子之去，曾不须臾。子去不返，我

怀永哀。反覆求思，意子复回。……归来空堂，哭不见
人。伤心故物，感涕殷勤。嗟予老矣，四海一身。自子
之逝，内失良朋。孤居终日，有过谁箴？

程氏含辛茹苦教子有方，苏轼兄弟"文字炜炜，惊叹群
公"，双双高中归来，她却无法与他们一起分享这一大乐事了。

噩耗接踵而来，苏洵刚刚安葬了程氏不久，他的多年好友
史经臣就离世了。他在《祭史彦辅文》中说：

> 我还自东，二子丧母，归怀辛酸。
> 子病告革，奔走往问，医云已难。
> 问以后事，口不能语，悲来塞咽。

长途跋涉，异乡求职，一无所成却妻、友相继去世，两鬓
斑白的苏洵伤心之下一病不起，只好"哭书此文，命轼往奠，
以慰斯魂"。

为了纪念亡友，苏洵拖着病弱的身体帮史经臣整理遗稿：

> 遗文坠稿，为子收拾，以葺以编。
> 我知不朽，千载之后，子名长存。

我们今天能够得知史经臣一生的经历和作品，全都是苏洵的功劳。史经臣兄弟均无子，只有史沆有一女流落襄州。苏洵一面为史经臣治理丧事，并立其同宗之子为后，一面又写信给吴照邻，托吴照顾史沆遗孤：

> 经臣死，家无一人，后事所属办于朋友。今其家遗孤骨肉存者，独沆有弱女在襄州耳。君侯尚可以庇之，使无失所否？

大约在此前后，苏洵寻来一座木山三峰置于堂前，并写了《木假山记》。这是一篇借物抒情之文，抒发了他郁郁不得志而又不愿随波逐流，试图把握自己命运的感情：

> 木之生，或蘖而殇，或拱而夭。幸而至于任为栋梁则伐，不幸而为风之所拔，水之所漂，或破折，或腐；幸而得不破折，不腐，则为人之所材，而有斧斤之患。其最幸者，漂沉汩没于湍沙之间，不知其几百年，而其激射啮食之余，或仿佛于山者，则为好事者取去，强之以为山，然后可以脱泥沙而远斧斤。而荒江之滨，如此者几何？不为好事者所见，而为樵夫野人所薪者，何可胜数！则其最幸者之中，又有不幸者焉。

"蘖而殇"指幼苗刚分蘖就死了,"拱而夭"指树长到两手能抱住那么大就死了。树木或夭殇,或砍伐,或漂没,或破折,或腐烂,在"激射啮食之余",能作为木假山留存世间,是多么不易!就像人的一生,要经历无数曲折,留名青史更是难上加难!树木尚且要经历种种不幸,人生如何能得以一帆风顺?

在家中的这段时间,想起自己因为妻子病逝而匆匆离京,甚至没有跟欧阳修好好道别致谢,苏洵又给欧阳修写了《上欧阳内翰第三书》:

洵启:昨出京仓惶,遂不得一别。去后数日,始知悔恨。盖一时间变出不意,遂扰乱如此。怏怅怏怅。不审日来尊履何似?

二子轼、辙竟不免丁忧。今已到家月余,幸且存活。洵道途奔波,老病侵陵,成一翁矣。自思平生羁蹇不遇,年近五十,始识阁下。倾盖晤语,便若平生。非徒欲援之于贫贱之中,乃与切磨议论,共为不朽之计。而事未及成,辄闻此变。孟轲有云:"行或使之,止或尼之。"岂信然邪?

洵离家时,无壮子弟守舍,归来屋庐倒坏,篱落破漏,如逃亡人家。今且谢绝过从,杜门不出,亦稍稍取旧书读之。时有所怀,辄欲就阁下评议。忽惊相去已四千里，思欲跂首望见君子之门庭，不可得也。

所示范公碑文，议及申公事节，最为深厚。近试以语人，果无有晓者。每念及此，郁郁不乐。阁下虽贤俊满门，足以啸歌俯仰，终日不闷，然至于不言而心相谕者，阁下于谁取之？

自蜀至秦，山行一月，自秦至京师，又沙行数千里。非有名利之所驱，与凡事之不得已者，孰为来哉？洵老矣，恐不能复东。阁下当时赐音问，以慰孤耿。病中无聊，深愧疏略，惟千万珍重。

苏洵在信中解释了自己突然离京的原因，又提到回家后所见的破败景象，字里行间都是对自己一无所获的懊悔。"病中无聊，深愧疏略，惟千万珍重。"看来，他不打算再去京城了。

峰回路转，应诏出蜀

人生如梦，白云苍狗，命运的转折总是出乎意料。就在苏
洵已经对仕途不抱任何希望的时候，仁宗下令召苏洵试策论于
舍人院。宋朝的舍人院类似于今天的"秘书处"，主要负责为
皇帝起草文书，朝廷各种公文就是由舍人院和翰林院的学士们
一起完成的，这样的制度在当时又称为"内外制"。十月，他
先得到雷简夫的书信，告诉他朝廷将有诏命，并要他东行应
诏；紧接着，十一月五日，眉州正式收到朝廷诏命，要苏洵赴
阙应试。

对于一般人来说，这样的诏命是天大的恩赐，但苏洵不是
一般人，他自年轻时游荡不学，自由不羁，就不太在乎别人如
何评价自己，更何况程氏的逝去让苏洵看淡名利，因此他上书

大宋群英传

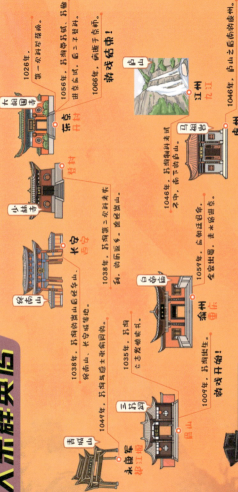

苏洵（字明允）

古地名　今地名

在线时长：1009~1066年
主线任务：游历/作文

人　脸：老苏/老泉
角色特点：科举无缘/大器晚成/儿子成才
支线任务：宦游/养娃

青城山

永康军　都江堰

三苏祠　眉山

绫南山

长安　西安

徐州　重庆（白帝庙）

小林寺

登封

东京　开封

六和国寺

江州　九江

马祖老岩

虔州　赣州

1026年，第一次科举落榜。

1056年，苏洵带子赴京，后二子登科。

1066年，病逝于京师。游戏结束！

1046年，庐山之后南游虔州。

1046年，苏洵科举未试之中，南下纳古山。

1054年，苏洵进京，全家出蜀，直奔京进京。

1038年，苏洵游出峨眉山后经华山、终南山。

1038年，苏洵与欧阳修同游终南山、华山、骊山。

1049年，苏洵带子登上青城山。

1035年，苏洵立志发愤读书。

1009年，苏洵出生。游戏开始！

仁宗，表示不能赴阙。

《上皇帝书》长达七千字，除解释自身拒受恩赐的原因，表达希望隐居之意，还给皇帝写了十条关于政事的建议。他说：

> 臣本田野匹夫，名姓不登于州闾。今一旦卒然被召，实不知其所以自通于朝廷。承命悸恐，不知所为。以陛下躬至圣之资，又有群公卿之贤，与天下士大夫之众，如臣等辈，固宜不少，有臣无臣，不加损益。臣不幸有负薪之疾，不能奔走道路，以副陛下搜扬之心。

自己只是田野村夫，地方官都不知自己的姓名。现今忽而被召，着实不知自身是如何被朝廷相中的。获此诏命，甚是惶恐，不知该如何是好。陛下最具神圣之资质，又有诸多贤良公卿及天下之士大夫，如我这般的人，多我一个，少我一个，并无甚不同。如今小民不幸有病，不能长途奔波以符合陛下搜扬人才之意。

其实他主要是不满科举考试制度，他在上书中还说：

> 臣本凡才，无路自进。当少年时，亦尝欲侥幸于陛下之科举。有司以为不肖，辄以摈落。盖退而处者，十有余年矣。今虽欲勉强扶病戮力，亦自知其疏拙，终不

能合有司之意，恐重得罪，以辱明诏。

上文意为：我本就是一介平凡之人，毫无门路踏足仕途。年少时，也曾侥存希冀能够进士登科，可官府却觉着我不成，屡屡将我黜落。自此闲居十余载，现今即便勉力带病拼搏，也深知自身难以达标，终究无法满足官府之要求，恐再获重罪，玷辱了圣诏。这话说得十分巧妙，"终不能合有司之意"暗示的意思是：我从十八岁考到现在，三番四次考科举，每次都不中，如今我已经垂垂老矣，再叫我去考试，万一再考不中，那岂不是让人笑话？

苏洵给皇帝的上书中说自己正在养病，这当然是借口。之所以这样说，是因为他写完《上皇帝书》之后，又给雷简夫写了一封信，倾诉自己的心声：

太简足下：前月辱书，承谕朝廷将有召命，且教以东行应诏。旋属郡有符，亦以此见遣。承命自笑，恐不足以当，遂以疾辞，不果行。计太简亦已知之。

仆已老矣，固非求仕者，亦非固求不仕者。自以闲居田野之中，鱼稻蔬笋之资，足以养生自乐，俯仰世俗之间，窃观当世之太平；其文章议论，亦可以自足于一世。何苦乃以衰病之身，委曲以就有司之权衡，以自取轻笑哉？然此可为太简道，不可与流俗人言也。

　　向者《权书》《衡论》《几策》，皆仆闲居之所为。其间虽多言今世之事，亦不自求出之于世，乃欧阳永叔以为可进而进之。苟朝廷以为其言之可信，则何所事试？苟不信其平居之所云，而其一日仓卒之言，又何足信邪？恐复不信，只以为笑。

　　久居闲处，终岁幸无事。昨为州郡所发遣，徒益不乐尔。杨旻至今未归，未得所惠书。岁晚，京师寒甚，惟多爱。

　　他告诉雷简夫，自己原本不是非入仕不可之人，也不是坚决不做官之人，但是如今老了，对做官之类的事情没有那么向往，并不想放下尊严去舍人院应考，毕竟如今舍人院里的人对他而言都算晚辈，又何必去自讨没趣呢？

　　当时，苏洵的一位好友梅尧臣在欧阳修身边担任参详官，与欧阳修是上下级关系。梅尧臣在历史上与欧阳修、苏舜钦齐名，私下里他与欧阳修的关系非常好，被并称"梅欧"。在激赏和力荐苏洵的官员当中，他也功不可没。拒绝应诏之后，苏洵还给梅尧臣写了一份书信"吐槽"自己的遭遇。在《与梅圣俞书》里，也许是面对老友心情更为放松，苏洵的用词犀利不少：

惟其平生不能区区附合有司之尺度，是以至此穷困。今乃以五十衰病之身，奔走万里以就试，不亦为山林之士所轻笑哉？自思少年尝举茂才，中夜起坐，裹饭携饼，待晓东华门外，逐队而入，屈膝就席，俯首据案。其后每思至此，即为寒心。今齿日益老，尚安能使达官贵人复弄其文墨，以穷其所不知邪？

就是因为少年时期有过不堪回首的经历，所以如今的苏洵已经无心仕途。况且苏洵认为，朝廷已见欧阳修的举荐书和自己的文章，却仍要自己参加考试，还是对自己不信任，这样的情况下，自己还是要慎重。

随着苏洵这封《与梅圣俞书》一起送给梅尧臣的，还有苏洵作的一首《老翁井》诗：

> 井中老翁误华年，白沙翠石公之家。
>
> 公来无踪去无迹，井面团团水生花。
>
> 公今与世两何预，无事纷纷惊牧竖。
>
> 改颜易服与世同，毋使世人知有翁。

收到苏洵的书信，梅尧臣明白了他字里行间隐藏的担忧，但他认为苏洵就算为了两个儿子着想，也应该入京，应诏没有坏处。随后,梅尧臣还和了一首《题老人泉寄苏明允》回给苏洵,再劝苏洵入京,其中以"日月不知老,家有雏凤凰。百鸟戢羽翼,不敢言文章。去为仲尼叹,出为盛时祥。方今天子圣,无滞彼泉傍"的句子,用两个儿子的仕途劝说苏洵,让他为苏轼和苏辙多考虑,却也没能劝服苏洵。

就这样,苏洵又过起了隐居的日子,直到再次接到朝廷下诏,召他进京参加舍人院的考试。身边的亲朋好友得知苏洵再次接到诏令,都劝他把握机会,鼓励他赴京参试。苏洵想起之前梅尧臣开导自己,为苏轼和苏辙的仕途考虑,又想到妻子已故,儿子们也都即将赴任,眉山这边已经没有什么值得留恋的了,而如果坚持拒诏,恐怕会给两个初入仕途的儿子招来麻烦。思来想去,苏洵决定等程氏丧期满了之后,就与两个儿子一同赴京。

做好决定,苏洵的心情明朗起来,提笔给欧阳修写下了第四封信——《上欧阳内翰第四书》,信中向欧阳修推心置腹,解释了自己几次推辞诏令的原因,以及此次赴京是因为"王命且再下,洵若固辞,必将以为沽名而有所希望"。为了避免遭人非议,也不想耽误两个孩子的前程,因为"今岁之秋,轼、辙已服阕,亦不可不与之俱东",所以才下了决定。同时,他也表达了此次就算入京,也不会参加舍人院考试的想法。

写完书信,不准备再回老家的苏洵开始收拾家中物品,安排家事。自苏洵婚后三十年来，他的亲人已多离世，父亲、母亲、大哥、姐姐、妻子、长子和三个女儿，他们的坟茔都在这里。离家前，他造了观音、势至、天藏、地藏、解冤结、引路王，总共六尊菩萨像和两所龛座以纪念这些亲人。在《极乐院造六菩萨记》一文中，他记叙了三十年来自己一众亲人先后离世的经过，以及造像始末，末尾表示希望"死者有知，或生于天，或生于四方上下，所适如意，亦若余之游于四方而无系云尔"。

嘉祐四年（1059 年）十月，苏洵全家买舟北上，告别故土，前往京城。自此一别，苏洵有生之年再也没回过故乡眉山，但此时的他还不知道这些，甚至还在计划入京之后再一路南下，去看一看当年没去成的吴越之地，这又是后话了。

举家北迁，一路山水一路歌

　　舟行水上，苏洵望着渐渐模糊的家乡，回想起过去几十年来在眉州的点点滴滴。他出生于此，在这度过了欢乐的童年时光，蜀地也承载了他少年意气、英姿勃发的过去，见证过他科场奔波、中年失意的隐居生活。苏洵在这片土地上度过了人生的一大半，他热爱他的故乡。渐渐地，船走远了，看到了两岸熟悉的风景，苏洵想起自己这一生多次往返京城，不由得"物是人非事事休，欲语泪先流"。

　　以往苏洵入京都走陆路，此次因拖家带口，除程氏已去世外，苏轼之妻王氏、乳母任采莲，苏辙之妻史氏、乳母杨金蝉全都一同赴京。有老有少，行走不便，苏洵选择了水路，从眉山出发，沿岷江而下，经过嘉州（今乐山）、戎州（今宜宾）进入长江，再从东边经过渝州（今重庆）、忠州（今忠县）出三峡，最后再由陆路北上入京城。

从十月出发，到第二年二月到达京师，这一路上，苏洵父子三人于水陆唱和，一共写诗赋一百七十余篇。这些诗后来都编进《南行前集》和《南行后集》中，是苏洵一生少有的高产时刻。

船行的第一站到了嘉州。嘉州太守设酒宴款待他们，并带他们参观了龙岩山、凌云寺，观赏了著名的乐山大佛。此地西边是三河交汇之处，东边又有凌云山，当时的乐山大佛还被称作"凌云大佛"。苏洵路过此地，想到曾在二十多年前与好友史经臣路过此处，当时两人都是为了进京赴考，然而此时，二十年须臾而过，古佛依旧，旧友不在，心中不免感慨，便吟了一首《游陵云寺①》：

> 长江触山山欲摧，古佛咒水山之隈。
>
> 千航万舸腋前过，仰望绝顶皆徘徊。
>
> 足踏重浪怒汹涌，背负乔岳高崔嵬。
>
> 予昔过此下荆渚，斑斑满面生苍苔。
>
> 今来重到非旧观，金翠晃荡祥光开。
>
> 萦回一径上险绝，却立下视惊心骇。

---

① 陵云寺：今作凌云寺。

蜀江迤逦渐不见，沫水腾掉震百雷。

山川变化禹力尽，独有道者尝闵哀。

峻山决水通万里，奔走荆蜀如长街。

世人至今不敢嫚，坐上蜕骨冷不埋。

今余劫劫何所往，愧尔前人空自哈。

"足踏重浪怒汹涌，背负乔岳高崔嵬。"寥寥数语就写出了两岸江山的气势。

经过渝州时，渝州太守张子立亲到江边见苏洵，想跟其学习，苏洵拒绝了。后在行进途中，收到了张子立的来信，苏洵作《答张子立见寄》，诗中回忆道：

身行道里日夜殊，佳士恨不久与俱。

峡山行尽见平楚，舍船登岸身无虞。

念君治所自有处，不复放纵如吾徒。

忆昨相见巴子国，谒我江上颜何娱！

周代的巴子国就是秦以后的巴郡，治所在现在的重庆。从"念君治所"四字可以看出张子立的身份。十多年前，苏洵云游天下时，人们还时常同他争座位。现在，苏洵虽然仍是布衣，但三苏的文名已震动天下，沿途官吏都对他们刮目相看，甚至亲自到江边迎送。

苏家的船只沿江而行，经过宜宾、忠州、丰都、万州、夔州、三峡等地，一路秀丽的景色和畅快的心情，让苏洵文思泉涌。

在经过丰都时，他们游览了仙都观："飘萧古仙子，寂寞苍山上。观世眇无言，无人独惆怅。"传说，丰都的仙都观是仙子们的地方。丰都知县李长官对苏洵卖关子，说早就知道苏洵他们的到来。苏洵问他是怎么知道的，李长官说："这山里有一老鹿，猛兽、猎人都不能伤害它。有客来游，老鹿就会先叫，在此时等候客人，从未有差错。"这当然是传说，苏洵他们一路走一路玩，两岸官员早就收到他们要来的消息了。不过苏洵还是有感而发，又写了一首《题仙都山鹿》诗：

> 客来未到何从见，昨夜数声高出云。
>
> 应是仙君老僮仆，当时掌客意犹勤。

过白帝城时，苏洵又题《题白帝庙》诗一首，论古述今，追忆三国历史：

> 谁开三峡才容练，长使群雄苦力争。
> 熊氏凋零余旧族，成家寂寞闭空城。

> 永安就死悲玄德，八阵劳神叹孔明。
>
> 白帝有灵应自笑，诸公皆败岂由兵？

一路走走停停，苏洵一行人又来到了巫山，经神女庙，苏洵作诗：

> 巫阳仙子云为裙，高情杳渺与世疏。
>
> 微有薄酒安足献？愿采山下霜中蔬。
>
> 仙坛古洞何清虚，中有琼楼白玉除。
>
> 江山洗荡谁来过？闻道琴高驾鲤鱼。

快要到达峡州的时候，苏洵父子三人一起游览了"三游洞"。三游洞在西陵峡口的北岸，因唐代的白居易兄弟俩及元稹曾游览过而得名。苏洵在《题三游洞石壁》中写道：

> 洞门苍石流成乳，山下长溪冷欲冰。
>
> 天寒二子苦求去，吾欲居之亦不能。

到峡州，收到杨美球赠诗——此前经巴东时，苏洵应杨美球请求为其父作墓志铭——苏洵作《和杨节推见赠》相和：

与君多乖睽，邂逅同泛峡。

宋子虽世旧，谈笑顷不接。

二君皆宦游，畴昔共科甲。

唯我老且闲，独得离圈柙。

少年实强锐，议论令我怯。

有如乘风箭，勇发岂顾帖？

置酒来相邀，殷勤为留楫。

杨君旧痛饮，浅水安足涉。

嗟我素不任，一酌已颓颊。

去生别怀怆，有子旅意惬。

舍棹治陆行，岁晚筋力乏。

予懒本不出，实为人事劫。

相将犯苦寒，大雪满马鬣。

　　嘉祐五年（1060 年）正月，苏洵一行人经过荆门惠泉。苏洵少年游历山水时曾经过此地，后来每次入京赶考都路过这里，触景生情，在此地作《荆门惠泉》诗一首，感叹流水不返，游人常新：

古郡带荒山，寒泉出西郭。

嘈嘈幽响远，袞袞清光活。

当年我少年，系马弄潺湲。

爱此泉旁鹭，高姿不可攀。

今逾二十载，我老泉依旧。

临流照衰颜，始觉老且瘦。

当时同游子，半作泉下尘。

流水去不返，游人岁岁新。

  自湖北江陵，苏洵一家改走陆路进京，又走了四十天，终于结束行程，到达京城。这一路水陆交替，走了小半年，到京城之后，苏洵在京郊雍丘租了一个农家小院安顿家人。接下来，苏洵就该去朝廷报到，正式开始仕途生涯了。

父子同门不同运

到达京城后，考虑到京城的物价比眉州高，一大家人吃穿用度开销巨大，加上在路上的吃喝住宿花掉不少存款，所以他们没有置办田地房屋，只租了个小院暂住。一直到后来苏轼、苏辙兄弟正式上任，经济富裕之后，苏家才迁居京城宜秋门内的南园中。苏辙《辛丑除日寄子瞻》记载：

> 居梁不耐贫，投杞避糠核。
>
> 城南庳斋静，终岁守坟籍。
>
> 酒酸未尝饮，牛美每共炙。

安顿好家人之后，苏轼和苏辙就去吏部报到，耐心准备明年的制科考试。苏洵这边就有点儿尴尬了，他之前给欧阳修写信说自己即使应诏来了京城也不去参加考试，可是真的不去会造成什么后果，是成功为自己争取到理想的职位，还是因为三番五次不识好歹，最后与士大夫们交恶，彻底断送仕途？苏洵心里没有底，拿不准主意的他只能在不安和焦躁中日复一日地等待。

从二月到八月，苏洵度过了艰难的半年，终于等到了朝廷的任命，他被授予秘书省校书郎的职务。对于这个结果，苏洵相当不满意。秘书省校书郎属于九品小官，主要负责朝廷日常祭祀活动的文字准备工作，以及图书档案的校勘工作。这个官职属于寄禄官，对于初入仕途的人来说是个不错的职位，虽然不起眼，却属于朝廷的核心组织，能接触到很多位高权重的大臣，只要表现优秀，将来就有升迁的机会。但苏洵不一样，他没有那么多时间去等待漫长的升迁之路了。

一方面，苏洵感到憋屈。雷简夫等人都曾夸他有"王佐之才"，苏洵也是以这个身份自居的，到头来却只能当一个九品小官。另一方面，苏洵也意识到，他多次落榜，此时仍是一介布衣，如果不是欧阳修等人力荐，他是完全没有机会打破当时的用人制度、不参加考试就获得朝廷录用的机会的，对此他满怀感激。最后，他还是上任了。

既然接受任命，按照宋朝当时的规矩，要给京城官员写感谢信。苏洵想来想去，给韩琦写下了《谢相府启》，其中写道：

> 不意贫贱之姓名，偶自彻闻于朝野，向承再命以
> 就试，固以大异其本心。且必试而审观其才，则上之
> 人犹未信其可用；未信而有求于上，则洵之意以为近
> 于强人。遂以再辞，亦既获命。于匹夫之贱，而必行
> 其私意；岂王命之宠，而敢望其曲加？

上文译为：去年承蒙朝廷授我校书郎一职，我不敢轻视，即便朝廷对我过分重视，我也甚是侥幸，最后成为一名京官。然而终究无法像汉、唐时期对待处士那般。在汉朝、唐朝，布衣仅凭一言便可位至卿相；宋朝官吏泛滥冗余，可真正有才华之人却难以被破格提拔。朝廷诏命让我去参加舍人院的考试，这本来就不是我的意愿，也说明朝廷根本不信任我，既不信任我，又要我应诏，在我看来这是强人所难，所以我才会推辞，既而又有了现在承命应职之事。

虽然是一封感谢信，但是苏洵写得别别扭扭，主要表达一个意思：我不想来，你们非要我来，来了又不重用我，我不知道这到底是什么意思。苏洵将自己的行为与"孟子不愿召见""孔子不辞小官"类比，虽然有追随古代圣贤的意思，但却过于自以为是。当时的朝中大臣都不希望手底下有这么自负的

人，认为苏洵连皇上的诏命都不放在眼里，用现在的话来说是
"缺乏团队精神"，没有大局观。

校书郎这个职位比较清闲，苏洵天天都无所事事，闲得发
慌。忍无可忍的苏洵又给宰相韩琦写信，要求韩琦给他另外安
排一个官职。恰好朝廷想修撰《礼书》，这一工作难度和工程量
都很大，对学识的要求也比较高，因而韩琦提出由欧阳修负责
主持协调，由苏洵和姚辟进行编撰，这才给了苏洵一个机会。
嘉祐六年（1061 年）七月，苏洵从九品小官升到八品，从校书
郎变成霸州文安县主簿。努力了一辈子的苏洵终于获得了朝廷
的正式官职，此时的他五十三岁。

升迁之后的苏洵仍然不满意，四言诗《有骥在野》《朝日载
升》《有触者犊》等，都表现了他的心情。《有骥在野》写道：

有骥在野，百过不呻。

子不我良，岂无他人？

絷我于厩，乃不我驾。

遇我不终，不如在野。

秃毛于霜，寄肉于狼。

宁彼我伤，宁不我顾？

无子我忘。

以絷骥于厩而不驾，比喻自己虽然做了官，却没有得到重用。这首诗表现出苏洵怀才不遇的愤懑之情：既然认为我不好，为什么还要召我进京？我难道就只配被你们看不起？既然把我网罗于此，又不用我，像这样"遇我不终"，反而"不如在野"！在野，虽然有"秃毛于霜"之苦，有"寄肉于狼"之险，但总比在这里不受待见好得多。

《朝日载升》的主旨也与此篇相同：

> 朝日载升，薨薨①伊氓。
>
> 于室有绩，于野有耕。
>
> 于涂有商，于边有征。
>
> 天生斯民，相养以宁。
>
> 嗟我何为？蹋蹋无营。
>
> 初孰与我，今孰主我？
>
> 我将往问，安所处我？

大意是说：日出之后，普通老百姓就像虫子一样都飞起来了，发出了薨薨之声。屋里有人纺纱，田里有人耕地。做生意的人在途中奔波，战士在边疆征战。天底下的人，各有各的生存之道，相安无事。只有我每天孤孤单单，无所事事。当初谁

————————
① 薨薨：象声词，虫群飞声。

把我找来？现在却没有人管我。我要去问一问，究竟怎样安置我？全诗同样充满了愤懑不平之气。

由于苏洵读书的视角跟正常通过科举入仕的官员不一样，列名于吏部以后，在奉命与姚辟合编《太常因革礼》的过程中，他与别的臣僚发生过争论。有大臣向皇上提意见，认为先祖的言行和决定不可能没有过错，如遇到有损祖宗颜面的事，应全部删去，不应写进礼书。苏洵则认为，记录历史应忠于历史，遇事而记，不择善恶，功过留给后人评说。为此，苏洵特别写了《议修礼书状》《嘉祐谥法》《皇祐谥录》等文章阐明自己的观点。

这一年，苏轼和苏辙参加了八月的制科考试，殿试由宋仁宗御试苏轼、苏辙、王介三人，最后苏轼入三等，苏辙和王介入四等。苏轼兄弟俩参加的是"贤良方正能直言极谏科"考试，翻译过来说就是给皇帝提意见。两个青年才俊毫不客气，尤其是苏辙，在殿试文章《御试制科策》中严厉批评了当时已经五十二岁、登基三十九年的仁宗皇帝，说他"懈于政事""沉湎酒色""胡乱花钱""言路闭塞"，这都是不好的苗头。尤其是在"沉湎酒色"上批评得最狠，说他"沉湎于酒，荒耽于色，晚朝早罢，早寝晏起，大臣不得尽言，小臣不得极谏。左右前后，惟妇人是侍，法度正直之言不留于心，而惟妇言是听"。意思是整日沉迷饮酒作乐，不理政事，不听忠言逆耳，只知道唯妇人之命是从。

　　可以想象，苏辙的这篇文章是如何震动朝野。一个毛头小子竟然敢批评皇帝，而且含沙射影，把仁宗皇帝损了个体无完肤，就连苏辙也觉得自己肯定要落榜了。庆幸的是，苏辙生活的仁宗时代政治开明、政通人和，一番讨论后，考官们决定将他评为第四等。后来朝廷任命苏轼为大理评事，签书凤翔府判官，又任命苏辙为商州军事推官。

六

名儒殒京师

清人邵仁泓在《苏老泉先生全集序》中说：

　　二苏具天授之雄才，而又得老泉先生为之先引，其
能卓然成一家言，不足异也。老泉先生中年奋发，无
所师承，而能以其文抗衡韩、欧，以传之二子，斯足异
已。间尝取先生之文而读之，大约以雄迈之气、坚老之
笔，而发为汪洋恣肆之文，上之究极天人，次之修明经
术，而其于国家盛衰之故，尤往往淋漓感慨于翰墨间。
先生之文，盖能驰骋于孟、刘、贾、董之间，而自成一
家者也。……上继韩、欧，下开长公（苏轼）昆仲。

　　苏轼兄弟自幼受教，兼得父亲悉心栽培，能自成一家，实
不足为奇。但苏洵发愤图强之时已晚，又无师可承，全凭一己
之力探索，竟能与孟（子）、刘（向、歆）、贾（谊）、董（仲
舒）等匹敌，实在是非常了不起的。

好恶分明，小吏勇行事

　　欧阳修经张方平的推荐，初次与苏洵见面后，因为欣赏苏洵的才华，每每设家宴或举办重大社交活动，都要请苏洵参加。欧阳修这样做，一是想培养苏洵的视野，让他看看上流社会的人是如何相处的；二是让苏洵有机会接触士族阶层，多认识一些名流，以便日后有人相助。

　　苏洵不喜欢喝酒，也不爱凑热闹，宴会时，他常常独坐一旁，观察他人的言行举止。据说，一次，欧阳修设家宴招待贵客，苏洵也去了。宴罢人散时，苏洵走在后面问欧阳修："刚才座中那个像囚犯一样不梳头，像居丧一样不洗脸的人是谁啊？"

　　欧阳修答："他就是王安石，文人学士，也很有才名。"

　　苏洵却说："以我观察，此人以后必然会使天下大乱，有朝一日，他掌握了朝廷大权，肯定会干出蒙骗皇上的事情。"

这个故事也许只是以讹传讹，不知是否属实。王安石少年出仕，成名很早，他可能不知道苏洵，但苏洵不可能不知道王安石。苏洵认识欧阳修的时候，王安石的名气已经很大了。

这时候的王安石正在进行变革试验。当时朝廷上下很多人都对王安石不满，苏洵本身也不认同王安石的理念。对比二人同期的著述，就能看出他们的思想分歧。苏洵曾批评"争言复井田"的"天下之士"，这句话就是针对王安石的，因为王安石在所作《发廪》一诗中曾写道"愿见井地平"。文彦博奏请裁减冗兵，苏洵对此主张寓兵于民，兵民合一，以所谓新军逐渐代替现有的军队。王安石却认为现在择将不精，全靠兵多御敌：

有客语省兵，省兵非所先。

方今将不择，独以兵乘边。

前攻已破散，后距方完坚。

以众亢彼寡，虽危犹幸全。

苏洵还写了一篇名为《辨奸论》的文章议论王安石：

事有必至，理有固然。惟天下之静者乃能见微而

知著。月晕而风，础润而雨，人人知之。人事之推移，
理势之相因，其疏阔而难知，变化而不可测者，孰与
天地阴阳之事，而贤者有不知，其故何也？好恶乱其
中而利害夺其外也。

昔者山巨源见王衍曰："误天下苍生者，必此人
也。"郭汾阳见卢杞曰："此人得志，吾子孙无遗类
矣。"自今而言之，其理固有可见者。以吾观之，王衍
之为人，容貌言语固有以欺世而盗名者。然不忮不求，
与物浮沉，使晋无惠帝，仅得中主，虽衍百千，何从
而乱天下乎？卢杞之奸，固足以败国，然而不学无文，
容貌不足以动人，言语不足以眩世，非德宗之鄙暗，
亦何从而用之？由是言之，二公之料二子，亦容有未
必然也。

今有人口诵孔、老之言，身履夷、齐之行，收召
好名之士、不得志之人，相与造作言语，私立名字，
以为颜渊、孟轲复出，而阴贼险狠，与人异趣，是王
衍、卢杞合而为一人也。其祸岂可胜言哉？夫面垢不
忘洗，衣垢不忘浣，此人之至情也。今也不然，衣臣
虏之衣，食犬彘之食，囚首丧面而谈《诗》《书》，此
岂其情也哉？凡事之不近人情者，鲜不为大奸慝，竖
刁、易牙、开方是也。以盖世之名而济其未形之患，

虽有愿治之主、好贤之相，犹将举而用之。则其为天下患必然而无疑者，非特二子之比也。

孙子曰："善用兵者无赫赫之功。"使斯人而不用也，则吾言为过，而斯人有不遇之叹。孰知其祸之至于此哉？不然，天下将被其祸，而吾获知言之名，悲夫！

苏洵在文章里没有指明说的是谁，只说有人表里不一，"口诵孔、老之言，身履夷、齐之行"，以颜、孟自比，而实际上"阴贼险狠，与人异趣"，但是从"面垢不忘洗，衣垢不忘浣"这两句来看，说的就是王安石。

王安石平时不拘小节，经常不修边幅，衣服脏了也不换。相传，韩琦在扬州任知州时，王安石在他手下做签判。由于夜里读书太晚，早起经常匆匆忙忙，十次有九次来不及梳头洗漱。看见王安石衣冠不整、睡眼惺忪的模样，韩琦以为是他夜生活过于精彩导致的，便告诫他："年轻人，不要荒废学业，不可自暴自弃！"之后，王安石"面垢不洗，衣垢不浣"的习惯就出名了。

苏洵认为王衍、卢杞"与物浮沉""不学无文"，不遇"鄙暗"之主，未必会得重用。而王安石则不同，其患未形而其名盖世，即使圣君贤相，也将"举而用之"。因此，其害远远超过王衍、卢杞。

有意思的是，这篇文章虽言辞犀利，却并没有列举王安石的恶劣事迹，通篇多是苏洵的"自以为"，有给人扣帽子的嫌疑。也许连苏洵都觉得自己的这篇文章有些不妥，所以并没有公布于世，只有张方平等几个人读过。在苏洵死后，张方平写《文安先生墓表》时，《辨奸论》才开始广为流传。但"好事不出门，坏事传千里"，苏洵这篇文章被好事者有心利用，导致王安石听到了一些风言风语，因此对苏洵的不满更深了。

王安石喜欢读尧舜、谈经术，博学多才，对"好言兵"的苏洵看不顺眼，对他的文章也不以为然，并在公开场合加以批评。不过这些都是双方私下里的态度，二人并未正面交锋过。王安石以知制诰身份担任制科考试的考官时，还批评苏轼的文章"全类战国文章"，而且公开表示自己将反对录取苏轼。同时，苏辙任商州军事推官，王安石又迟迟不肯撰写诰书。这两件事让苏洵对王安石十分不满。嘉祐八年（1063年）八月，王安石的母亲去世，到王家吊丧的官员络绎不绝，可苏洵坚决不去。

且不论苏、王二人谁的治国理念更胜一筹，苏洵当时只是布衣小吏，却敢于公开反对声名显赫的朝廷重臣，这种不畏权贵的精神是值得我们钦佩的。

宁静以致远,《易传》寄神思

自被任命为霸州文安县主簿后,苏洵每日上班专心修《礼书》。虽然修书完全比不上参政重要,但是需要严谨的专业知识,且修撰成果对朝廷的管理大有裨益,所以苏洵对这份工作还是比较满意的。当时苏辙因为王安石的阻拦,一直未能上任,干脆借口父亲年老,需有人侍奉身边,上疏请求不赴任,朝廷也同意。苏轼则接受任命去凤翔赴任了。

俗话说"安居乐业",苏洵等到工作稳定之后,就开始考虑买房子的事情。他们在宜秋门旁边买了一座院落,起名为"南园"。宅子不大,但设计得颇有意境。厅前有小花园,四围有高槐古柳。屋后小院中种有翠竹、石榴、月季等,另有一座葡萄架。春天,南园竹深柳翠,莺啼燕语,可谓一处高雅的诗意之所。

苏辙十分喜欢这个园子，曾将园中草木花果一一题咏，苏轼读后，又欣然和诗十一首，其题为《和子由记园中草木》。苏洵还在庭前开凿了一口方池，引水从假山岩鼻中流注于池内，上方置有一座木假山。苏洵此前在眉山老家曾蓄有一木假山，十分喜爱，自称其为他的"忘言"伴侣，却没有携带入京。此座木假山乃是他先前入京时路上结识的好友杨纬所赠。为此，他特意写了一首诗，其题为《寄杨纬》：

> 家居对山木，谓是忘言伴。
>
> 去乡不能致，回顾颇自短。
>
> 谁知有杨子，磊落收百段。
>
> 拣赠最奇峰，慰我苦长叹。
>
> 连城尽如削，邃洞幽可款。
>
> 回合抱空虚，天地牟其半。
>
> 舟行因乐载，陆挈敢辞懒？
>
> 飘飘乎千里，有客来就看。
>
> 自言此地无，爱惜苦欲换。
>
> 低头笑不答，解缆风帆满。
>
> 京洛有幽居，吾将隐而玩。

　　嘉祐七年（1062年）八月，苏洵的二哥苏涣在利州无疾而逝。这让刚刚过上安定日子的苏洵又遭受巨大的打击。追忆往昔和哥哥苏涣共同相处的时光，苏涣安抚自己不必因落第而忧愁，引领自己纂修家谱、静心读书，为父守孝期间，兄弟俩讨论怎样给苏涣改字的往事，苏洵须臾间悲恸难耐。人生失意，亲朋流散，现下哥哥苏涣已然离世，苏洵心中极度悲苦。

　　苏洵早年热爱研读《易经》。如今，他阅历积累，看尽人事，对《易经》有了更多新的想法和解读。每日除了工作，他便专心研究《易经》。治平二年（1065年），苏洵和姚辟主持编撰的礼书终于大功告成，名曰《太常因革礼》，共一百卷。受此启发，苏洵萌生了将读《易经》的经验和心得总结成文的想法。由此，苏洵开始编写《易传》。

　　苏洵笔耕不辍，很快就写完百余篇，并且对自己的作品甚为满意，甚至在给韩琦的上书中自夸："此书若成，则自有《易》以来，未始有也。"可惜最终因为身体原因，苏洵没能亲自写完。苏辙在《亡兄子瞻端明墓志铭》中曾写道：

　　　　先君晚岁读《易》，玩其爻象，得其刚柔、远近、喜怒逆顺之情，以观其词，皆迎刃而解。作《易传》，未完，疾革，命公（苏轼）述其志。公泣受命，卒以成书，然后千载之微言，焕然可知也。

专心写作的苏洵并没有因为自己年事已高而"两耳不闻窗外事"，他还是关心着朝廷，捕捉着天下信息，想要为百姓民生做点儿事情。嘉祐八年三月，宋仁宗驾崩，英宗接位。当时，宰相韩琦任山陵使，负责仁宗陵园的修建。他大兴土木，一时间弄得百姓怨声载道。苏洵闻讯后，不顾自己职位低微，立即给韩琦上书，提出"当今之议，莫若薄葬"：

> 窃惟先帝平昔之所以爱惜百姓者如此其深，而其所以检身节俭者如此其至也。推其平生之心而计其既没之意，则其不欲以山陵重困天下，亦已明矣。而臣下乃独为此过当逾礼之费，以拂戾其平生之意，窃所不取也。……昔者华元厚葬其君，君子以为不臣。汉文葬于霸陵，木不改列，藏无金玉，天下以为圣明，而后世安于太山。故曰：莫若建薄葬之议，上以遂先帝恭俭之诚，下以纾百姓目前之患，内以解华元不臣之讥，而万世之后以固山陵不拔之安。

对苏洵的批评，韩琦虽有不快，但最后还是听取了苏洵的部分意见。

苏洵的晚年生活是安定而充实的。两个儿子已经取得功名，光耀门楣，他自己虽说功名不显，但也名声在外。俗话说，

"五十而知天命"，此时的苏洵年过半百，还有何求？不过，苏洵并未能长久享受这宁静淡泊的时光。

文豪西归，人生落幕

治平二年，苏轼从凤翔卸职回京任判登闻鼓院事，苏辙赴任大名府留守推官。当年五月二十八日，苏轼的妻子王弗因病去世。苏轼悲痛万分，苏洵对于儿媳妇的去世也很惋惜，他郑重地告诉苏轼，将来把王弗安葬在眉州老家其母亲程氏的墓旁边："妇从汝于艰难，不可忘也。他日汝必葬诸其姑之侧。"在当时，这是对儿媳妇最高规格的认可。

六月，苏轼办理完丧事，将王弗的灵柩放置在京西郊外，等待时机回蜀。同年九月，苏洵因感染风寒卧床不起，本以为调养一段时间就好，欧阳修还写信给苏洵，给他提供了一些药方："更冀调慎药食""孙兆药多凉，古方难用于今，更且参以他医为善也""单药得效，应且专服，千万精审，无求速功"。

　　但是，苏洵的病一天比一天重。治平三年（1066 年）春天，苏洵感觉自己不行了，便把苏轼叫到床前交代后事：一是要他们兄弟二人替他完成《易传》；二是长兄苏澹早亡，子孙未立，要苏轼兄弟帮忙提拔；三是他那与杜家结婚的姐姐，死后尚未安葬，要苏轼兄弟尽早安排。

　　交代完这些不久，苏洵于四月二十五日与世长辞，享年五十八岁。苏轼在床前陪父亲走完人生的最后一程，苏辙因任职在外，没来得及赶回来，错过了见父亲最后一面的机会。

　　名宿西归，消息震动京城，"自天子、辅臣至闾巷之士，皆闻而哀之"。宋英宗下诏赐银一百两、绢一百匹。苏轼想到父亲一生的心愿，婉言谢绝，转而请求朝廷，希望能给父亲苏洵追赠官职，以全苏洵生前的志愿。

　　六月九日，朝廷下旨追赠苏洵为从六品上职位——光禄寺丞，还令相关部门为苏家筹备公船，并派专人协助苏家护送苏洵的灵柩返乡。至此，苏洵辗转波折的一生终于落幕。

　　苏洵生前以文交友，人品文章皆受人尊崇，病故后众多人士前来吊唁，为苏洵创作挽词，欧阳修等人更是给苏洵撰写墓志铭，寄寓对苏洵的不舍和敬意。

　　欧阳修这样写道：

　　　　初，修为上其书，召试紫微阁，辞不至，遂除试秘书省校书郎。会太常修纂建隆以来礼书，乃以为霸州文安县主簿，使食其禄，与陈州项城县令姚辟同修礼书，为《太常因革礼》一百卷。书成，方奏未报而君以疾卒。实治平三年四月戊申也。享年五十有八。

作为好友，他知道苏洵在意和自豪的是什么，所以特将编《太常因革礼》一百卷的事迹记录下来。

除了墓志铭，一生欣赏苏洵的欧阳修，还为老友写下挽歌：

> 布衣驰誉入京都，丹旐俄惊反旧闾。
> 诸老谁能先贾谊，君王犹未识相如。
> 三年弟子行丧礼，千两乡人会葬车。
> 我独空斋挂尘榻，遗编时阅子云书。

首句写苏洵以布衣之身名震京师，次句惊其早逝，他的灵柩很快要返回家乡了。第三、四句以贾谊、司马相如称苏洵，言其才能胜"诸老"，然官微位贱，未得皇帝召见便已逝。此两句实堪玩味。贾谊是因为受到绛侯周勃、灌婴，东阳侯张相如、冯敬等大臣的排挤，才未得重用，郁郁早死的，苏洵与此类似。挽词尾联借东汉豫章太守陈蕃悬榻之典，同自己与苏洵的关系相对比，表示苏洵亡后，自己也失去知己了。

除了欧阳修，与苏洵往来较多的韩琦也感慨万千。不同于欧阳修，韩琦对苏洵心怀愧疚。他一生总揽朝政，以他的地位和能力，想给某个人寻得一个合适的职位易如反掌，可他却迟迟没有做，乃至让苏洵终身未能如愿，这实在让人惋惜。带着这样的情绪，韩琦一边自责后悔，一边写下了《苏洵员外挽词二首》：

> 对未延宣室，文尝荐子虚。
>
> 书方就绵蕝，奠已致生刍。
>
> 故国悲云栈，英游负石渠。
>
> 名儒升用晚，厚愧莫先予。
>
> 族本西州望，来为上国光。
>
> 文章追典诰，议论极皇王。
>
> 美德惊埋玉，瑰材痛坏梁。
>
> 时名谁可嗣，父子尽贤良。

第一首深痛自谴，后悔自己没有尽力将苏洵推荐给皇帝；第二首则是对苏洵生前文章和政见的评论和称赞，并提及苏轼、苏辙，感叹老苏有这样两个好儿子，也可慰在天之灵。此外，曾巩、曾公亮、王拱辰、王珪、张焘、郑獬、苏颂、张商英、姚辟、陈襄等人也前来吊唁并书写挽词，共同追忆这位在后世颇具名望的文学家。

一切安排妥当后，苏轼两兄弟护送苏洵的灵柩出发了，同时护送的还有苏轼的妻子王弗的灵柩。这次行程走的是水路，从汴水途经淮河，再逆水而行进入长江。路途艰险，直至第二年四月才终归家乡。这时距离苏洵病逝，已然过去一年。

遵照苏洵的遗愿，苏轼和苏辙两兄弟将父亲与母亲程氏并排安葬在眉州老翁泉井侧。苏轼的妻子王弗，同样葬在此处。安葬苏洵时的《老苏先生会葬致语并口号》保存了下来，它对苏洵的巨大贡献和影响作了很高的评价，今节录如下：

编礼寺丞，一时之杰，百世所宗。道兼文武之隆，学际天人之表。渔钓渭上，韫《六韬》而自称；龙蟠汉南，非三顾而不起。宋兴百载，文弊多方，简编俱在，气象不振。虽作者之继出，尚古风之未还。迨公勃兴，一变至道。上自朝廷缙绅之士，下及岩穴处逸之流，皆愿见其表仪，固将以为师友。而道将坠丧，天不假年。书虽就于百篇，爵不过于九品。谓公为寿，不登六十；谓公为天，百世不亡。今者丧还里间，宵会亲友。顾悲哀之不足，假讽咏以舒情。敢露微才，上呈口号：

万里当年蜀客来，危言高论冠伦魁。

有司不入刘蒉第，诸老徒推贾谊才。

一惠独刊姬谥法，六经先集汉家台。

如公事业兼忠愤，泪作岷江未寄哀。

此番话语极尽彰显苏洵之奉献，亦有所提及苏洵在当时之巨大影响，评定其在文学史上的重要地位，同时对其生平之不幸发出沉痛嗟叹。

至此，苏洵的一生终于尘埃落定。

黄土掩布衣，文思传千古

苏家世居眉山，与当地名门望族素有渊源。苏洵的祖父苏呆以经商致富，积累了一定的财富与声望。其父苏序继承家业，却热衷于游山玩水，对功名利禄无甚兴趣。在这样的家庭背景之下，苏洵自幼接受的是较为宽松之教育，养成了放荡不羁之性格。

北宋时期，政治方面算是比较稳定的，可当时推行"崇文抑武"的政策导致军队战斗力比较弱。另外，官僚机构太多，且与西夏、辽国的外交政策不明朗，关系不稳定，时时交战，导致国库亏虚。加上当时土地垄断得厉害，农民日子不好过，社会矛盾越来越严重。这时候，虽然经济发展得很好，可政治和社会问题却越来越多。

苏洵是北宋中期很重要的文人，身处时代之中，他的作品和想法难免会受到时代的影响。他关心社会的实际情况，也在乎老百姓的苦日子，对政治腐败、军队软弱这些问题都批评得很厉害。同时，他在文学创作的时候积极地探索新东西，想在内容和形式上都有所突破，这些都能清晰地反映北宋时期的士人精神和社会的实际情况。

纵览苏洵的一生，尽管在仕途之上甚是不得意，但是在北宋文坛的贡献方面，乃至对于后世文学的影响力方面，是无可争议的。

苏洵于散文、诗作、家谱学诸域皆有所成，尤以散文之成就为最，其个人之风格亦甚为鲜明。自三次落榜之后，他摆脱科举应考的功利心，提倡文章须"合于吾心"而作，主张抒写"胸中之言"，文章做到了难得的"自然成文"。他的文章在模仿古人行文风格的同时，寻求突破与创新，文无藻饰，语朴质真，简切洒脱，与当时文坛求深务奇的不正之风形成鲜明对比，行文风格与文坛领袖欧阳修所倡导之古文革新运动不谋而合。其亦注重说理，善于议论，具甚高之论辩技巧，文呈辞辩宏大、纵横恣肆、气势磅礴之独特风格。

其流传于世的作品有《嘉祐集》二十卷，以及《谥法》三卷，其中《权书》《衡论》《六国论》等篇章更是被后世津津乐道、反复品读，使其在"唐宋八大家"之文坛巨擘中，具有独树一帜的风采。

苏洵一生所作散文近百篇，诗文四十余首。这些散文涵盖内容甚广，有论辩、书说、奏议、杂记、颂赞、碑志等，议论文偏多，抒情文较少。

苏洵的散文论点清晰，语句尖锐，论据更具力敌千钧之势，于纵横不羁间，尽展雄辩服人之力。欧阳修夸赞过苏洵"辞辩闳伟""纵横上下，出入驰骤，必造于深微而后止"。曾巩在《苏明允哀辞》中更是评价苏洵的文章"指事析理，引物托喻""烦能不乱，肆能不流"。叶梦得则评价苏洵其文"精深有味，语不徒发，正类其文"。

在自我的省察上，苏洵亦是较为客观的。在《上田枢密书》中，苏洵曾评判自己的文章兼具"诗人之优柔，骚人之精深，孟、韩之温淳，迁、固之雄刚，孙、吴之简切"。

借物抒怀是苏洵写散文常用的手法，他记述家中的"木假山"时，就采用了借物抒怀的写作方式，成就了得意之作。一篇散文洋洋洒洒，表面写木假山的形成过程，实际上探讨对人才问题的感喟与深沉思考，寄慨遥深，所赞其实是刚正不阿、巍然自立的精神——也是他所敬佩和向往的精神。

深刻的思想认知更是苏洵文章的一个突出特征。他志向宏大，甚有经世之志，就算科举失意，也从未消极厌世，而是始终如一地关注时势，紧密留意国家的内政外交和军事现状，力图为统治集团提供具有针对性的应对之策。他创作出以《几策》《衡论》《权书》为典型代表的一系列政论文章,构建了一个具备完整架构的施政纲要,大体囊括了他在政治、军事方面的思想和看法。

于《几策》里的《审势》篇章内,苏洵尖锐地指明彼时的北宋已然坠入滥赏刑、弛兵不振的孱弱境地,表面平静无波,实际却早已隐匿着严峻的政治、社会、军事隐患。他建议北宋的统治者一定要详察时势,采用能够改变"大弱"局面的恰当策略,如若不然,难以保证国家的长久安定。与此同时,他指出"尚威"和"强政"乃是促使宋王朝重新兴盛的总方针,这同样是他政治革新主张的总体要义。他又在《衡论》中提出了具体的政治革新行径,主要包含吏治、法制、田制等范畴,其中吏治是其论述的核心要点。针对当时吏治存在的显著问题,苏洵主张增强吏治,并为统治者提供了信任心腹之臣、擅长任用贤能、审慎挑选边吏等行之有效的建议。

苏洵在长时间的研究中汲取各家之长,融会贯通,其学术思想受到战国时期纵横家、兵家、法家等各家的显著影响。因此,他的许多思想观点与正统的儒家学者有所不同,而他也并非纯粹的儒家学者。从借鉴百家到独树一帜,这正是苏洵思想的独特之处。苏氏蜀学这一全新的学派应运而生,深受父亲影响的苏轼兄弟则进一步将其发扬光大。

　　苏洵的辩论文风格犀利、深奥、透彻且雄健，犹如一把锐利的宝剑，犀利地劈开迷雾，直抵核心。无论是《六国论》，还是《辨奸论》，抑或是他写给富弼等人的信件，都能品味出苏洵文章中纵横家的雄辩之法，以及令人无法反驳的锐利锋芒。他的杂文风格则好似灵动的飞鸟，自由地穿梭于各种思绪之间，轻盈而敏捷，以丰富多样的笔触描绘出世间百态，在细微之处展现出独特的魅力和情致，耐人寻味。这种文风的形成，与苏洵个人的志趣和读书偏好密切相关。他曾经坦率地表示，他非常赞赏战国时期的纵横家及其言论，不过，仅仅是欣赏他们的雄辩技巧，并不认可他们的为人。"吾取其术，不取其心"这句话，便是苏洵对自己这一偏好的解释。

　　因此，他的文章在写作手法和观点上，常常汲取纵横家的特点。不论是议政还是议兵，在文章结构的安排上都十分精妙，能够根据事物的特点赋予文章相应的形式，既工整严谨，又在篇章形体上有所变化。他还能够运用精深的论点，将艰深的道理清晰透彻地表达出来。这样的论述特色和文字风格，使得苏洵的文章即使历经千年，依然具有深刻的意义和警示作用。

　　仁宗在位时期被赞为两宋的鼎盛时期，彼时人才济济，文化繁荣昌盛。苏洵这位晚学无师、没有功名的人，正是在这样的背景下崭露头角，成为"唐宋八大家"中唯一没有进士功名的大师。他还以身作则、言传身教，培养出苏轼和苏辙两位流芳百世的大文豪。

　　回顾苏洵的一生，我们可以领略大宋文坛的风采，感受历史长河的风起云涌。更幸运的是，我们能够认识苏洵这样一位心系家国天下的文人，他百折不挠、光明磊落的一生令人钦佩，而其文章留给后人的思想和精神，也让我们受益匪浅。

苏洵年谱

大中祥符二年（1009 年），苏洵出生于成都府眉州眉山，如今的四川眉山县。

天圣四年（1026 年），苏洵进士考试落榜。

天圣五年（1027 年），苏洵与大理寺丞程文应的女儿程氏结婚。

天圣八年（1030 年），苏洵游玉局观，拜访道长无碍子，得张仙画像。

明道元年（1032 年），苏洵母亲史氏病故。

明道二年（1033 年），苏洵开始读书，不刻意厉行。

景祐二年（1035 年），苏洵立志发愤读书。

景祐四年（1037 年），苏洵次子苏轼出生。苏洵长兄苏澹去世。赴京参加进士试。

宝元元年（1038 年），苏洵参加礼部试，不中。

宝元二年（1039 年），苏洵幼子苏辙出生。苏洵游学各地。

庆历三年（1043 年），苏洵送苏轼入天庆观北极院，师从张易简读书。

庆历五年（1045 年），苏洵与史经臣东游。苏洵妻程氏教授苏轼与苏辙读书。

庆历六年（1046 年），苏洵举制科试，不中。

庆历七年（1047 年），苏洵之父苏序去世，洵与其兄苏涣奔丧回蜀。

至和二年（1055 年），苏洵完成《苏氏族谱》。

嘉祐元年（1056 年），苏洵带苏轼、苏辙进京应试。

嘉祐二年（1057 年），苏轼、苏辙同榜应试及第，名动京师。程氏卒，苏洵与苏轼、苏辙兄弟二人返回四川。

嘉祐三年（1058 年），朝廷召苏洵试策论于舍人院。苏洵以病辞。

嘉祐四年（1059 年），苏洵应诏，全家出蜀，走水路进京。

嘉祐五年（1060 年），在欧阳修等人力荐下，苏洵被任命为秘书省校书郎。

嘉祐六年（1061 年），苏洵被任命为霸州文安县主簿，与姚辟修礼书。

嘉祐七年（1062年），苏涣去世。

治平元年（1064年），苏洵完成《嘉祐谥法》《皇祐谥录》。

治平二年（1065年），《太常因革礼》编撰完成。

治平三年（1066年），苏洵病逝于京师，时年五十八岁。

主要参考书目

孔凡礼著：《三苏年谱》，中华书局2023年版。

吕明涛、诸雨辰、韩莉译注：《唐宋八大家文钞》，中华书局2023年版。

刘川眉著：《苏洵新传》，阳光出版社2021年版。

曾枣庄著：《苏洵评传》，巴蜀书社2018年版。

罗泰琪著：《大宋文脉：苏氏家族传》，华中科技大学出版社2017年版。

东方慧子主编：《唐宋八大家故事集：儒雅学士苏辙》，武汉大学出版社2015年版。

苏辙著，胡先酉译注：《龙川略志译注》，西南交通大学出版社2018年版。

曾枣庄著：《苏洵图传》，河北人民出版社 2006 年版。

卢武智著：《北宋三苏》，三秦出版社 2003 年版。